Histérica, Fracasada y Feliz

Histérica, Fracasada y Feliz

Transforma tu vida y matrimonio en cuatro días

Sandra Colón

Número de Control de la Biblioteca del Congreso de EE. UU.:   2013913068
ISBN: Tapa Dura   978-1-4633-6219-5
               Tapa Blanda   978-1-4633-6221-8
               Libro Electrónico   978-1-4633-6220-1

Para realizar pedidos de este libro, contacte con:
Palibrio LLC
1663 Liberty Drive
Suite 200
Bloomington, IN 47403
Gratis desde EE. UU. al 877.407.5847
Gratis desde México al 01.800.288.2243
Gratis desde España al 900.866.949
Desde otro país al +1.812.671.9757
Fax: 01.812.355.1576
ventas@palibrio.com
484659

ÍNDICE

A ti, mujer que día tras día lucha, sufre, llora, sonríe y ama.

PRÓLOGO

Para la mujer de ayer, de hoy y del mañana se ha diseñado un plan maravilloso de excelencia, valor, respeto, dignidad e integridad. La mujer no fue un invento improvisado sino una creación maravillosa dentro del plan perfecto de Dios. El perfecto diseñador depositó poder y autoridad para que pudieras cumplir los sueños y anhelos que siempre han estado muy dentro de ti.

Lamentablemente, a través de todos los tiempos, por decisión propia o por obligación, la mujer se ha enfocado más en hacer que en ser. Tanto ser como hacer son parte integral del rol de la mujer. Para convertirte en una esposa, madre, hija, amiga o profesional, debes ser y hacerte una mujer sana física, emocional y espiritualmente primero.

Dios no te creó para que vivas siendo una amargada, desdichada, ansiosa, frustrada, temerosa; viviendo llena de culpas y vergüenzas; permitiendo que otros te marginen y te limiten.

A través de charlas matrimoniales y entrevistas con mujeres casadas, divorciadas, solteras, con hijos, sin hijos, profesionales y amas de casa, he podido notar el vacío y el dolor de muchas de ellas. Viven rezagadas por el tiempo, soñando con un ayer que no volverá y temerosas por un incierto futuro. La mujer tiene que huir de una inferioridad mental de víctima, derrota y desorden. Debe comenzar a mirarse de la manera que Dios la ve: como un ser de alta definición; de excelencia, de posición y de altura.

Se necesitan herramientas prácticas y valiosas para comenzar a romper patrones, comportamientos y hábitos dañinos que se anteponen al plan maravilloso de Dios para cada mujer. Una herramienta que Dios ha permitido ha sido el surgimiento del libro *Histérica, Fracasada y Feliz*.

En la primera parte, Sandra Colón, explica claramente la historia de una mujer muy particular, Daniela. Espero que este personaje, en todas sus facetas, pueda convertirse en una mujer de impacto e influencia para cada lectora que se identifique con ella y que tome el valor de emprender este maravilloso viaje de sanidad física, emocional y espiritual.

He enseñado que todo proceso de sanidad tiene que ir con tu propia decisión, llena de compromisos y pactos para que, a pesar de cualquier circunstancia externa, puedas mantener la consistencia y disciplina para lograrlo. Sólo tú lo decides.

Necesitas de toda la ayuda que te pueda llevar a ese proceso que ya Dios ha ordenado para tu vida. La segunda parte de *Histérica, Fracasada y Feliz* te brindará una buena oportunidad de adquirir herramientas muy útiles y prácticas para tu propio proceso.

Te exhorto a ser parte de estas enseñanzas. Sé que serán de mucha bendición para tu vida.

¡Adelante hermosa mujer creada por Dios! Tu vida tiene razón de ser. Levántate y llénate de gozo porque eres única. Revístete de los dones multifuncionales regalados por Dios. En fin, tú decides el rol que quieras ejercer. Recuerda siempre que Dios te eligió para ser una grandeza de mujer.

Laura Olivo

La Dra. Olivo posee una Maestría en Psicología Clínica,

una Maestría en Consejería Cristiana,

y un Doctorado en Psicología.

Actualmente es Pastora de Familias y

Directora del Departamento de Consejería

en la Iglesia El Calvario, ubicada en Orlando, FL.

PRIMERA PARTE: HISTORIA

"Quien te lastima te hace más fuerte, quien te critica te hace más importante, quien te envidia te hace más valioso y a veces es bueno saber que aquellos que te desean lo peor, tienen que soportar y ver que te ocurra lo mejor."

-Anónimo

1

DEJÉ DE QUERERME PARA AMAR

CUENTO DE HADAS

Mi vida la divido en dos partes: antes y después de convertirme en un ama de casa. Desde que era una niña creí en el amor a primera vista. Todavía no sé si mi fantasía fue algo innato. Pudo haber sido una conducta aprendida por haber pasado tantas horas de mi pubertad frente a la televisión mirando novelas y películas románticas. A través de la pantalla chica aprendí que cuando dos personas se aman, no existe poder humano que los pueda separar. Siempre supe que quería sentir esa pasión que transmitían las actrices. Soñaba con vivir el drama que me llevaría a encontrar mi príncipe azul.

Al principio, mi historia de amor fue muy intensa y apasionada. Nuestras largas horas de pláticas, besos y caricias me convencieron de que estábamos hechos el uno para el otro. Pasar tiempo a solas con mi novio era como estar en el paraíso. Desde el principio me demostró que, un ser como él, era algo excepcional. Abría la puerta del coche, me arropaba cuando sentía frío en la noche y alababa mi belleza con palabras que siempre lograban ruborizarme.

Una tarde soleada de verano, renuncié voluntariamente a ser una simple mujer soltera en búsqueda del verdadero amor. Estaba a pasos de convertirme en la dueña y señora de mi casa, mi vida y mi familia.

Mientras el estilista arreglaba mi cabello y maquillaba mi rostro, imaginaba cómo iba a evolucionar mi vida una vez firmara el documento legal que cambiaría mi estado civil. Mi traje era muy sencillo: blanco, sin bordados y largo. La boda fue pequeña y espontánea. Las películas románticas de Hollywood hubieran terminado después del beso de los novios. Mi verdadera historia de amor comenzó en ese momento.

MI PASADO

Antes de conocer a mi esposo, mi mayor preocupación era seleccionar el vestido que utilizaría para salir con mis amigas y escoger el evento social al que acudiría en el fin de semana. Mis días de descanso se limitaban a pasar todo el día en la cama. Mi madre era una empleada de gobierno, de carácter fuerte y dominante. Mi papá, retirado del ejército, siempre fue un hombre valiente, generoso y sensible. Ambos fueron criados en la pobreza.

Mi nombre, Daniela, lo heredé de mi abuela materna. Fui una niña inquieta e independiente. Nunca me gustaron las reglas a pesar de que era muy ordenada. Tuve una maestra que me lavó la boca con jabón por utilizar un lenguaje inapropiado y compañeros de clases que trataban de enredar mi cabello con goma de mascar.

Aunque no disfrutábamos de una vida pudiente, con mucho sacrificio mis padres lograron ofrecerme un estilo de vida privilegiado y fui a un colegio privado. Ellos siempre me inculcaron la importancia de realizar estudios universitarios. Por esto, desde que me gradué de escuela superior, mi meta fue continuar estudiando hasta lograr una maestría.

Para entonces, mi programa de televisión favorito era *Sex and The City*. Esta famosa serie americana trata sobre la vida de cuatro amigas inteligentes, profesionales, educadas e independientes que están en la constante búsqueda de su "hombre perfecto". Tanto Carrie como Miranda, Samantha y Charlotte lograron (mediante sus historias, sentido del humor y dramatismo) convertirse en mis íconos de la moda y mentoras de vida. Verlas a ellas fue mi primer método de proyección personal.

Me visualizaba siendo una mujer bella, astuta, sensual, independiente y próspera. Con quien más me identifiqué fue con el personaje de Carrie Bradshaw. Al igual que ella, siempre sentí una gran pasión por la escritura, no me gustaba cocinar y creía en el amor con romanticismo. Su ingenio, fortaleza y sensualidad la convirtieron en un espejo de mi persona. También tuve un "Mr. Big" que me hizo la vida complicada, y un "Aidan" que pude amar y respetar.

Aunque tener amigas era muy divertido, yo anhelaba el romanticismo en mi vida. Deseaba un compañero que me recordara todo lo que ya yo sabía de mí. Siempre creí en el amor imposible y quería un hombre que me enamorara. Mi problema: ¡no llegaba el amor verdadero! Vivía deseando que un pretendiente me enviara una serenata de mariachis, me regalara flores y me comprara diamantes. Deseaba con todo mi corazón a ese alguien que hiciera lo que ya yo hacía por mí. Quería poder llegar a un lugar (que no fuera la casa de mis padres) y tener quien me esperara para cenar, ver una película, escuchar suspiros románticos en el oído y hacer el amor toda la noche. Luego de varios intentos y fracasos amorosos, me conformaba solamente con la idea de disfrutar de estos pensamientos en mi imaginación. Tenía muchas ganas de escribir mi propio destino.

EL SUEÑO

Ya me faltaba muy poco para terminar mi Maestría en Administración de Empresas. Tenía la certeza de que mis seis años de estudios especializados en mercadeo me convertirían en una excelente candidata para lograr posiciones laborales con una mejor paga. Comenzaba a vivir mi sueño. Era una mujer independiente, segura de mí misma y profesional. Desde niña siempre había deseado todo esto. Al igual que mis amigas imaginarias de *Sex and The City*, lo único que me faltaba para completar mi felicidad era con quien compartirla.

Comencé a trabajar como degustadora de batidas nutritivas cuando tenía dieciséis años de edad. Recuerdo que los miércoles mi supervisora me llamaba y me asignaba una ruta para el fin de semana. Trabajaba a tiempo parcial, de viernes a domingo, en diferentes supermercados y farmacias. Tan pronto cumplí la mayoría de edad, inicié mis labores a tiempo completo como Coordinadora de Promociones durante el día y Promotora de bebidas alcohólicas en las noches. Entre el trabajo y los estudios, siempre estaba ocupada. Trabajar con licores me ayudó muchísimo a desarrollar malicia con los hombres y astucia en las ventas. Esta oportunidad me enseñó el poder de la expresión verbal y corporal para convencer a otras personas de que hagan lo que yo quisiera que hicieran (en este caso, comprar mi producto). Sentía que empezaba a tener control de mi vida y de los demás.

Una noche me asignaron ir a promocionar una marca de cerveza internacional en un restaurante. El lugar tenía televisores por todas partes y estaba decorado con diferentes artículos de colección deportiva. Vendían comida americana y su especialidad eran las alitas de pollo. Mi misión era convencer a los clientes de que mi bebida era el acompañante perfecto para su comida.

Cuando llegué al establecimiento tuve que identificarme con el dueño. Tan pronto lo vi, sentí cosquillas en mi cuerpo. Mientras se acercaba, podía experimentar cómo la sangre calentaba mis venas. Tuve que disimular. No quería que él se percatara de la taquicardia que experimentaba en ese momento.

Entre nosotros hubo química desde el principio. Increíblemente, a los tres meses de conocernos, me propuso que me fuera a vivir con él. ¡Estaba tan emocionada! ¡Había encontrado el hombre de mi vida! Aun así, sentí miedo y negué su oferta. Con temor a espantarlo le confesé que yo quería una boda, como en los cuentos de hadas.

Al poco tiempo, me propuso matrimonio. Desde el principio, él siempre fue muy detallista y atento. La noche que me confesó que deseaba pasar el resto de su vida junto a mí, no fue la excepción. Nos tomamos unas copas de vino bajo las estrellas, cenamos en un restaurante mejicano y, por supuesto, ¡recibí una serenata de mariachis! ¿Quién podía decirle que no a esta versión real de George Clooney?

LA PESADILLA

Como bien dice el refrán: "no todo lo que brilla es oro." No pasé mucho tiempo en mi luna de miel. Los comentarios generados por terceras personas no tardaron en llegar y herirme. Tristemente, nuestra historia de amor provocó vómitos y diarreas en algunos miembros de su familia. Era como si hubiera un virus alrededor de nosotros dos.

Sin percatarnos, ambos creamos un triángulo de toxinas. Por un lado estaban los que opinaban que nos casamos porque yo estaba embarazada o, peor, porque "¡me habían comido la pajarita!". Por otro, los que decían que era muy rápido (¿seis meses no es suficiente para conocer a una persona?). Por último, los que me llamaban garrapata bajo la siguiente definición: mujer que contrae nupcias con un hombre para chuparle hasta el último centavo.

Tengo que reconocer, fue una decisión precipitada. Sin embargo, la certeza de que hice lo correcto me llena de paz. Ambos éramos mayores de edad, con una carrera prometedora y con mucho en común. Nos encantaba salir, compartir con nuestras amistades e ir al cine. ¡Éramos dos adultos enamorados!

Al poco tiempo de adoptar mi nuevo nombre, La Esposa, mi suegro me propuso trabajar en uno de sus negocios. Este señor, de carácter compasivo, poseía una sonrisa cautivante a la que era muy difícil decirle que no. Sus canas y arrugas reflejaban los años de experiencia en la industria. La elegancia que lo caracterizaba era un reflejo de su seguridad e inteligencia.

Inmediatamente acepté con mucho orgullo la propuesta. Después de todo, ya éramos familia. El padre de mi esposo me dio la oportunidad de sumergirme más en el mundo de este joven empresario que ahora era el amor de mi vida. Al principio todo era muy interesante. Aprendí muchísimo de administración de empresas y recursos humanos. El ritmo de vida alimentaba mi adrenalina y mis deseos de aprender.

Trabajar junto a mi esposo alimentaba mi ego. Percibía que conocer su ritmo de trabajo me acercaba más a él y a su familia. Fue como haber pasado la prueba inicial para formar parte de una élite social.

Conocer esta faceta empresarial me enamoraba más de él. Poco tiempo después empecé a notar también algunos de sus tantos defectos. Así fue como se ganó su apodo, Fidel, en alusión al dictador cubano.

Su estilo de trabajo era muy diferente al mío. Él estaba acostumbrado a decir la última palabra y a dar instrucciones. Nadie se atrevía a llevarle la contraria. Entraba y salía de acuerdo a las necesidades del negocio. Yo estaba acostumbrada a un horario y a dar mi opinión en todo. Si él pasaba un mal rato, los empleados se ponían nerviosos. Todos corrían como cucarachas tratando de esconderse de su mal humor. El que estuviera en el camino, tenía que pensar en una estrategia para consentirlo y hacerlo sonreír. Si era yo, no pasaba nada.

Aunque me reportaba directamente con Fidel para cualquier asunto relacionado con el restaurante, nuestro jefe era su padre. Algunas de mis labores eran informarle sobre las ventas, reclutar empleados y cuadrar las cuentas bancarias. Con el paso del tiempo, mi suegro se convirtió en la persona que más impactó mi vida.

Trabajar en un ambiente familiar dejó un sabor agridulce en mi boca. Mi suegro era una persona con muchísimos años de experiencias y conocimientos en el crecimiento y la evolución de diferentes tipos de negocios. Yo tenía muchas ganas de que él se percatara de todo lo que yo podía aportar en la compañía que administraba con su hijo. Como le faltaba muy poco tiempo para su retiro, Fidel y yo soñábamos con la idea de que algún día mi suegro y su esposa nos cedieran sus puestos. Sin embargo, el destino me sorprendió con una trampa.

EL RETO

Cuatro meses antes de cumplir mi primer aniversario de bodas, una empleada doméstica le fue con un chisme a mi suegrastra (esposa de mi suegro y madrastra de mi esposo). La mentira generada por esta joven cambió para siempre la relación que yo mantenía con mi familia política.

La esposa de mi suegro fue la primera persona de la familia que mostró interés en mi personalidad. Era una mujer hermosa. Su piel morena, su larga cabellera azabache, su cuerpo de sirena y su estilo de vestimenta captaron mi admiración desde el día que la conocí. No era muy alta pero su personalidad la hacía sobresalir en cualquier lugar. Era una mujer alegre, sensata e inteligente. Se destacaba por su articulación al hablar y su poder de convencimiento. Junto a mi suegro, había logrado convertirse en una empresaria exitosa. La endometriosis que padecía le impidió procrear hijos con él. Ella había sido parte de la crianza de Fidel desde que era un niño. Su hijastro era el hijo varón que nunca pudo tener.

Antes de este malentendido, mi relación con mi suegrastra era de amigas. Ella me trataba como su hija. De cariño, yo le decía "suegris". Pasábamos mucho tiempo juntas. Íbamos al centro comercial, al cine o simplemente compartíamos en su casa. Nuestro afecto era tanto que podíamos pasar horas hablando por teléfono. Para mí fue un dolor muy grande que ella creyera algo que no era cierto. Por parte de la familia de mi esposo, ella y mi suegro fueron las únicas personas que confiaron en nuestra unión matrimonial. Por eso sentía un profundo amor y respeto hacia ambos.

Me enteré de lo que estaba diciendo la empleada una tarde que mi suegro le contó a su hijo por qué su esposa llevaba semanas sin contestar mis llamadas telefónicas. De la noche a la mañana, mi suegrastra empezó a evadir compartir conmigo. Ajena a todo, yo pensaba que ella estaba pasando más tiempo trabajando. Tan pronto supe de su enojo, llamé al padre de mi esposo para conocer qué era lo que realmente sucedía. Se había regado el chisme de que yo hablaba mal de mi suegro y de sus métodos administrativos. ¡Era una calumnia en contra de mi integridad! Traté de defenderme, pero fue en vano. Llamé a mi suegrastra en varias ocasiones pero nunca contestó su celular. Tampoco respondió mis correos electrónicos.

Para que el asunto quedara resuelto, lo único que mi suegro pedía era una disculpa hacia su esposa. Esto me confundió muchísimo. No entendía por qué ella decidió creer un chisme. No me dio la oportunidad de dar una explicación. Se alejó de mí en lugar de llamarme para aclarar cualquier duda relacionada al tema. En mi opinión, la del problema era ella. Nunca complací a mi suegro. Hacerlo era darle la razón a la chismosa y a los que le creyeron.

Desde ese momento, cuando compartíamos con mi suegro y su esposa era para hacer una reunión de negocios. La relación con mi suegrastra empezó a enfriarse. Ella dejó de confiar en mí y yo en ella. Ya no nos llamábamos. No expresábamos nuestros sentimientos. Nos tratábamos con indiferencia.

Este malentendido generó una disputa en toda la familia. Todos querían tener una opinión. En varias ocasiones escuché que esta señora en realidad era una perversa y una egoísta. Me dijeron que ella tenía un plan en contra de mi persona. Aparentemente, su intención siempre fue convertirse en mi amiga solamente para manipularme y hacerle daño a su rival: la mamá de mi esposo. Sin embargo, todas las lenguas coincidían en algo: había que tratarla bien para evitar problemas con mi suegro, el proveedor principal de la familia.

Todas las historias contradictorias crearon mucha confusión en mi cabeza. No entendía cómo podían derramar veneno sobre el nombre de una persona y después tratarla como si la amaran. Fue así como descubrí que con mi familia política, aunque era muy tóxica, tenía que llevar la "guerra en paz".

La diversidad de opiniones generó una batalla entre Fidel y yo. Asimismo, muchos de los problemas cotidianos del negocio (descuadres, conductas inapropiadas de empleados, asuntos con clientes, cansancio excesivo, etc.) llegaban a la casa generando conflictos entre nosotros dos.

Empecé a guardar sentimientos de decepción y resentimiento en mi corazón. Sentía que había perdido mis únicos aliados (mi suegro y su esposa) ya que otros miembros de la familia de mi esposo aún no aprobaban nuestro casamiento. Como si esto no fuera suficiente, Fidel no se refugiaba en mí. Él buscaba apoyo emocional y consuelo personal en su madre y en su única hermana con quienes yo no había logrado mantener una buena relación. ¡Existían tantos motivos para que mi matrimonio se terminara! Sabía que se desvanecía poco a poco. Me sentía la mujer más desdichada e impotente del planeta.

ENFRENTANDO LA IRREALIDAD

Mi desilusión se debía a que tuve expectativas muy altas cuando decidí casarme. Desde que conocí a Fidel me había propuesto ser feliz con él. Su mirada me enloquecía. Era penetrante y bondadosa a la vez. Sus ojos color miel y su bronceado me fascinaban. Su sonrisa era perfecta. Su rostro anguloso y cejas pobladas lo hacían lucir masculino. No era un hombre corpulento pero me sentía protegida en sus brazos. Tampoco era el más bello pero su olor y su seducción me habían hechizado. Era un hombre honesto, inteligente, emprendedor, comprometido, carismático y generoso. También era el bebé de mamá, papá, madrastra y hermana.

Deseé llevarme muy bien con su familia. Coordiné diferentes citas para comer con ellos, les compré regalos, los llamé por el teléfono, en fin, les demostré que me importaban cada vez que tenía la oportunidad. Lo único que logré fue caerles peor. Con el tiempo descubrí que todos mis esfuerzos fueron en vano. Cada persona tenía una idea en su cabeza del tipo de mujer que yo era y eso no podía cambiarlo. Este dilema duró cinco años.

Muchas veces pensé que el problema era yo. Las cosas andaban más o menos bien mientras yo actuara de manera complaciente. Sin embargo, en el momento que no daba la respuesta que ellos deseaban me convertía en una garrapata, insegura, egoísta, engreída o mal educada. Para ellos, yo me dedicaba a chuparle el tiempo y el dinero a un hombre que actuaba ciegamente enamorado. Las críticas siempre estaban presente.

Me di cuenta de que si quería caerles bien a los diferentes miembros de la familia de mi esposo, estaba obligada a reprimir mis sentimientos. Cuando veía a mi suegrastra, tenía que pintarme la cara con lápiz labial y fingir que todo lo que ella hablaba era interesante. Con mi suegra tenía que, de vez en cuando, hablarle mal de mi suegrastra para hacerla sentir importante, parte de nuestra vida. Con mi cuñada fue una batalla perdida antes de conocerla.

Desde que conocí a mi suegra, algo me dijo que era una mujer divorciada que usaba a su hijo varón para llenar el vacío emocional que comenzó a vivir tras su matrimonio fallido. Ella era una mujer muy conservadora y perfeccionista. La calidez de su voz refinada impedía conocer su temperamento. Constantemente tenía una sonrisa en su rostro. Sus manos lucían limpias y suaves. Su cabello siempre estaba arreglado. Su maquillaje, intacto. En mi primera conversación con ella supe lo mucho que amaba a su hijo y lo sacrificada que había sido su vida como madre soltera. También me contó que era conocida por el rico sabor de su comida, por coser su propia ropa y por la belleza de su casa. Ella era como la madre perfecta. Junto a mi cuñada, había fundado una tienda de tortas orgánicas.

Mi cuñada era el tipo de niña engreída que siempre se las ingenia para que las cosas se hagan a su manera. El color dorado de su melena se debía al uso correcto de peróxido. Para que sus largas extensiones de cabello humano parecieran reales, se peinaba usando sólo una raya en el medio. Su maquillaje era sencillo. Solamente usaba un poco de sombra de ojos, brillo de labios y una cantidad muy pequeña de delineador de ojos. Siempre usaba las mejores marcas de ropa y accesorios. Aunque tenía un cuerpo espectacular, se la pasaba haciendo dietas y ejercicios. Era simpática con todos los demás menos conmigo. Ella fue la más honesta. Desde el principio me dejó saber (mirándome fijamente a los ojos) que jamás iba a estar de acuerdo con que yo estuviera involucrada en los negocios de la familia y que no le auguraba mucho tiempo a mi matrimonio.

CARGANDO UN DISFRAZ

Cuando mi suegrastra pasaba tiempo junto a mi suegra y mi cuñada, fingían mantener una relación afectuosa. Actuaban como las mejores amigas aunque realmente eran enemigas. La verdad era que una siempre hablaba mal de la otra. Todas hacían muy bien el papel de hipócritas. ¡Yo estaba en el medio!

Por mucho tiempo tuve un conflicto interno de lealtad. Aunque siempre sentí más afecto hacia mi suegrastra, mi cuñada y mi suegra llevaban la sangre de mi esposo. Cuando lograba balancear mi relación con una parte, mayormente era porque había tenido un problema con la otra. Nunca supe con cuál lado era el que realmente me favorecía tener una amistad: el de mi suegra o el de mi suegrastra. También viví momentos en los que experimentaba la soledad porque ellas se juntaban y tenían una enemiga en común: yo.

Me desilusionó mucho conocer esta cara de mi nueva familia. No estaba acostumbrada a rodearme de personas egocéntricas. Como no supe mantener separadas las relaciones interpersonales con la de los negocios, mi proyección profesional y personal se fue al piso. Mis sentimientos no me permitían compartir con ellos y seguir siendo la misma persona.

A Fidel le tocó el papel más difícil. Él se convirtió en un muñeco de trapo agarrado por los brazos y las piernas. Por un lado, su familia no estaba feliz con la mujer que él escogió. Por otro, estaba yo, la persona que él seleccionó como pareja de vida. Tuvo muchas discusiones con ellos. Lo que más le dolía era el distanciamiento de su hermana. Como ella era mayor que él, siempre fue su sobreprotectora. No contar con su apoyo lo defraudó muchísimo.

Yo estaba al tanto de las riñas porque escuché muchos de sus debates. Fidel tiene un tono de voz alto. Era muy fácil pararme cerca de una puerta y oír cómo él defendía nuestra relación a través del teléfono.

Reconozco que, algunas veces, este grupo de personas trataban de entablar una relación conmigo. No obstante, yo tenía mucho miedo de abrirles un espacio en mi corazón. No me sentía en confianza. Actuar como si nada hubiera pasado, como si ellos jamás hubieran manchado mi nombre, era como traicionarme a mí misma. Había perdido el interés de crear una amistad con ellas antes de cumplir mi primer año de casada.

Mi suegro siempre justificó las acciones de su esposa, su exesposa y su hija. Él me consolaba prometiéndome que todo cambiaría. Me pidió que ignorara los comentarios una y otra vez. Me aseguraba que eran celos por parte de ellas. Él y mi esposo fueron los únicos que estuvieron dispuestos a escucharme y a ofrecerme su apoyo. Contar con ellos me llenó de fuerzas para seguir adelante.

Ante los ojos de las personas que nos rodeaban, parecíamos la familia perfecta. Cuando nos veíamos no faltaban los besos, los abrazos, los regalos y las sonrisas. Sin embargo, nos cubría una bola de chismes, envidia, traiciones e hipocresía. Yo sentía que no era parte del grupo. Mi corazón estaba herido y esto me causaba mucha tristeza.

Como ya yo estaba a la defensiva, cualquier comentario que no entendiera me hacía sentir rechazada, culpable e insegura. Aunque no lo demostraba, tenía mucho miedo de hablar. No quería que se tergiversaran mis palabras, mi tono de voz o mi lenguaje corporal.

A pesar de que yo sabía que estas mujeres eran unas arpías, deseaba agradarles. Gustarles se convirtió en un reto. Empecé a actuar igual que ellas. Cuando las veía, sonreía. Si mi suegra me contaba algo de mi suegrastra, me reía. Si era mi suegrastra la que me decía algún secreto de mi cuñada, me burlaba con ella.

Un día mi suegra me invitó a probar una de sus tortas. Había creado una nueva receta de chocolate con relleno de fresas y quería saber mi opinión sobre el sabor. Mientras saboreaba mi pedazo, empezamos a hablar sobre las famosas de Hollywood.

Buscó una revista que guardaba en su escritorio. La portada mencionaba a algunas actrices que vivían obsesionadas con lucir perfectas. Aprovechó esa oportunidad para comparar a estas mujeres con mi suegrastra. Me contó que la razón por la que la madrastra de sus hijos era tan bella se debía a sus constantes encuentros con el bisturí. Me garantizó que la esposa de su ex marido no aguantaba una gota más de *botox* en su rostro. Con su misteriosa sonrisa me confirmó que, con más de veinte de cirugías plásticas, era fácil parecer una muñeca. Para sellar esta conversación me hizo prometerle que no le contaría a nadie y me dio un abrazo.

En una cena con mi suegrastra, hablábamos de la belleza de su hija postiza. Pensé que hablaba de mi cuñada cuando me aclaró que se trataba de una gata persa blanca. Esa diminuta criatura era su accesorio favorito. La llevaba con ella a todas partes. Me contaba que Bella, la gatita, era tan perezosa que había que darle la comida en una cuchara para que comiera.

Empezamos a tener una conversación sobre las comodidades que tienen algunas mascotas luego de ser adoptadas por sus dueños. Entonces me confesó que mi suegra era tan ignorante que, cuando se divorció de mi suegro, a los veintitrés años, reclamó una pensión al seguro social. Además, me dijo que mi cuñada usaba extensiones de cabello humano para no tener que lavarse la cabeza. Me exhortó a que la próxima vez que la viera me le acercara disimuladamente y le oliera la melena. También supe que, como a mi cuñada no le gustaba lavar ropa, usaba el mismo *panty* toda la semana. Para terminar, me pidió que no le contara a nadie. Abrazó mis manos con las de ella y me aseguró que se sentía muy bien desahogándose conmigo.

En otra ocasión, mi cuñada me invitó a ir de compras. Mientras yo cargaba todos sus paquetes me afirmó que su madrastra tenía un problema de personalidad. Según ella, le preocupaba que la esposa de su padre no reconociera su verdadera edad. Me contó que ella empezó a notar que esta señora la imitaba cuando, en repetidas ocasiones, se percató de que tenían los mismos accesorios y vestidos similares.

Me confesó que una vez se compró unas sandalias de plataforma alta para probar si su sospecha era cierta. Le dejó saber a mi suegrastra que las había adquirido. La señora apareció en una fiesta familiar con los zapatos. Apenas podía caminar con ellos cuando cayó al piso delante de los invitados. Como la madrastra era tan astuta, convenció a todos de que el piso estaba mojado. Mi cuñada estuvo riéndose de esto con mi suegra por seis meses. Para terminar, juré que no le contaría a nadie. Me abrazó, besó mi mejilla y me dijo que le encantaría tener una relación de hermana conmigo.

Tenía la certeza de que ellas hacían lo mismo conmigo. Imaginaba que cuando yo no estaba, hablaban y se burlaban de mí. Empecé a sentirme paranoica. Llegué a pensar que se habían inventado el chisme de la empleada solamente para tener qué decir de mí. A pesar de todo, mi esposo parecía feliz y eso me consolaba.

Como nunca asumí responsabilidad por el chisme de la empleada, abrí una ventana para que estas tres mujeres le hablaran mal de mí a mi esposo. Tomar la decisión de casarme tan rápido les dio material para compararme con prostitutas y demonios del infierno. Mi preparación académica las convenció de que yo representaba una amenaza en la vida de Fidel. Ellas decían que yo usaba mi inteligencia y astucia para manipular y controlar a mi marido.

Desde mi punto de vista, si yo decía algo que no les gustaba o si actuaba de una manera que ellas consideraban inapropiada, era excluida de conversaciones y actividades familiares. Me convertía en la renegada cada vez que demostraba mi pensamiento crítico. Mi vida era como un triángulo escaleno. No existían lados iguales.

Si yo estaba en una actividad familiar e interactuaba con los invitados, mi suegrastra se enojaba porque se sentía ignorada. Cuando mi suegra quería dinero para ir al salón de belleza y su hijo no se lo daba era porque, como ella decía, yo lo impedía. Si le hacíamos un regalo a mi cuñada, ella no lo apreciaba porque entendía que merecía algo de mayor valor monetario.

Sabía cuándo yo cometía un error porque Fidel recibía un regaño en una esquina, una llamada telefónica o una carta que lo hiciera sentir culpable por todo lo que ocurría a nuestro alrededor. Como consecuencia, empecé a justificar mis acciones con mi esposo y a cuidar mi manera de hablar con estas mujeres. Solamente decía lo que pensaba que ellas querían escuchar.

Lo que más me enojaba era que ellas le daban quejas de mí a mi esposo y no era aceptable que él me defendiera. Si Fidel me protegía, era tomado como una ofensa. Según ellas, él me premiaba cuando en realidad tenía que ponerme un freno. Un día me cansé y las enfrenté, pasaron meses sin dirigirme la palabra. Mi autoestima se destruyó por completo. Mi suegro se decepcionó mucho de mí. Mi esposo me reclamaba y me responsabilizaba del distanciamiento de su familia.

Trabajar para mi familia política fue la peor decisión de mi vida. Rechacé ofertas de trabajo por estar del lado de mi esposo. Entendí que esa era mi función y me equivoqué. Pensaba que era la responsable de todas las desgracias de la familia. Ya no confiaba en mis cualidades. Creía que lo que ellas decían de mí, era cierto: que de verdad era una loca, problemática y chismosa. Hasta pensé que no merecía el amor de ellas, de mi esposo ni de Dios.

Pasé cinco años en medio de este drama. Antes de conocer los cuatro pasos que cambiaron mi vida para siempre, yo perdí tiempo, energías, horas de sueño, las ganas de cuidar mi aspecto físico y mental. Dejé de quererme por amarlo a él. ¿Era eso posible?

"Si tomas la decisión de decir lo menos posible sobre tus problemas y desengaños en la vida, ellos no dominarán tus pensamientos y tu ánimo."
-Joyce Meyer

//

METAMORFOSIS

NOTICIA INESPERADA

Una noche de febrero Fidel y yo recibimos una noticia inesperada. El acontecimiento cambió mi manera de ver la vida para siempre. Mi vida no era perfecta. Sin embargo, valoraba lo que me rodeaba. Cosas tan sencillas como la sonrisa de mi esposo hasta poder disfrutar de un baño con agua caliente me hacían sentir una persona afortunada y feliz. Esta vez no fue así de fácil. Su cara de angustia tras contestar una llamada telefónica me dejó saber que algo andaba mal.

Mi suegro estaba en el hospital y no entendíamos qué había pasado. Él era un hombre saludable. No sufría de ninguna enfermedad terminal. No había tenido un accidente de carro. Se alimentaba muy bien y era atlético. Acababa de llegar de unas vacaciones en Las Vegas. Mientras se preparaba para dormir, sufrió un ataque cardiaco.

Nunca había llorado tanto por una persona como lo hice por él. Me quedé dormida en la madrugada con la cara hinchada. Las lágrimas derramadas mojaron mi almohada. Mientras dormía, la mucosidad provocada por los episodios de desconsuelo se secó entre la nariz y los cachetes. Fidel pasó la noche en el hospital.

Yo tenía muchos sentimientos encontrados. Estaba anonadada. No entendía por qué ocurría una tragedia como esa en nuestras vidas. Me dio mucho dolor conocer el destino de mi suegro. Era una persona que respetaba, admiraba y valoraba.

Cinco años antes de la muerte de su padre, Fidel trabajaba como gerente en uno de los restaurantes de su papá. Una tarde soleada, ambos se reunieron, establecieron una propuesta de negocios y crearon una sociedad. Se trataba de abrir franquicias. Mi suegro se encargaría de establecer los contactos con personas interesadas en invertir. Mi esposo se ocuparía de la administración.

Lamentablemente, el concepto de atraer otras personas para ampliar operaciones mediante la venta de franquicias no fue el mejor. Perdieron mucho tiempo y dinero. Las operaciones empezaron a afectarse por una crisis económica. Incluir inversionistas en estos nuevos proyectos había sido una mala idea. Esto le ocasionó mucho estrés a ambos. Aunque sabían que en los negocios se puede ganar o perder, no estaban preparados para las malas noticias.

A mi suegro le encantaba hacer feliz a los que lo rodeaban. Era muy complaciente, especialmente con su esposa e hijos. Fue un hombre de negocios muy reconocido y admirado. Con sus contactos, se dedicó a crear oportunidades de trabajo y de recreación para comunidades de bajos recursos financieros.

A pesar de que lucía una cabellera grisácea, era un hombre joven. Según él, a sus cincuenta años, había vivido mucho. Se casó con la madre de sus hijos cuando terminaron la escuela superior. Su primer aniversario de bodas lo celebraron con la noticia del embarazo de su primogénita. Posteriormente nació el hijo varón que tanto deseaban. Seis años después se divorciaron por consentimiento mutuo.

Para celebrar su cumpleaños número treinta, mi suegro se fue a Europa con la mujer de sus sueños. Cuando regresó, ella era su nueva esposa. Unidos crearon un pequeño imperio de restaurantes. Tenían una relación admirable. Disfrutaban de muy buena comunicación y de tomar vino en las noches. Usaban sus vacaciones para viajar alrededor del mundo. Su destino favorito era Suiza. Según ellos, visitarlo era como ir al cielo. Vivían enamorados de la naturaleza de ese país.

La noticia del fallecimiento de mi suegro me impactó tanto que, en ese momento, olvidé cómo caminar. Mis piernas se debilitaron. Mi cuerpo se sentía más pesado. No sabía cómo mirar a mi esposo ni a los demás miembros de la familia. Ni siquiera supe qué decir ni qué hacer para consolar a las personas que nos ofrecían su compasión. No podía creer lo que pasaba a mi alrededor.

Su velorio fue cubierto por la prensa como el de una celebridad. Muchísimas personas llenaron las calles de la ciudad que lo vio crecer para expresarnos sus condolencias. Cientos de arreglos florales decoraron su ataúd. Su muerte fue sorpresiva e impactante.

Durante esos días no podía dejar de pensar en la cita del famoso empresario e informático, Steve Jobs, que dice "la muerte es un agente de cambio, nos hace repensar nuestras prioridades, a qué le debemos dedicar tiempo o qué debemos hacer." Sin duda, estaba experimentando el suceso más horrible al que me había enfrentado en la vida. Esta frase me hizo cuestionar si realmente yo estaba haciendo un esfuerzo mayor para superarme, seguir adelante, recuperar el optimismo, escuchar mi corazón y hacerle caso a mi intuición.

MI BODA

Conocí a mi suegro tres meses antes de la boda civil. Una tarde de primavera, él y su esposa nos invitaron a cenar en su casa. Ya ellos sabían que yo era la prometida de Fidel. Ambos fueron muy amables conmigo. Las conversaciones se basaron en conocer cuánto teníamos en común. Así fue como descubrí que, al igual que yo, disfrutaban del teatro, de la buena comida y de la lectura. Me sentí muy bien con ellos.

Aprovechamos para hablar de lo que mi suegro y su esposa denominaban como la boda del año. Como nos queríamos casar rápido, Fidel y yo habíamos decidido hacer una ceremonia pequeña y sencilla junto a diez invitados y el juez. La misma se iba a llevar a cabo en el apartamento que alquilamos para iniciar un nuevo hogar. Aparte de ellos dos, acudirían mis padres, mi hermana menor y unos amigos que teníamos en común. Nuestros planes eran hacer una boda lujosa y religiosa más adelante, durante la despedida de año.

Mi suegro estaba muy feliz con la idea. Su esposa mostró mucho interés y se encargó de la decoración. Lo único que ellos pidieron a cambio de su apoyo fue que firmáramos un documento legal que protegía el régimen económico de la familia. Es decir, mantener las finanzas de Fidel y mías completamente separadas, sin importar cuantos años estuviésemos casados.

Cuando escuché la proposición de casarnos por capitulaciones, mi corazón se destruyó por completo. Aunque estaba segura de mis sentimientos, acceder era como ponerle un fin a un matrimonio que aún no se había consumado. Sin embargo, no aceptar, era una forma de admitir que yo era una cazafortunas. Aunque no me gustó saber que el esposo de mi cuñada no había sido medido de la misma manera, mi orgullo no me permitió titubear. Con una débil sonrisa en mi rostro y retortijones en el estómago, acepté la propuesta de mi suegro a pesar de que yo deseaba decir que no estaba de acuerdo. No hubo espacio para entrar en negociación, a pesar de que como esposa de Fidel dedicaría mucho tiempo a atenderlo a él y a nuestro futuro hogar.

Mi suegra y mi cuñada se enteraron del casamiento civil cuando regresamos de la luna de miel. Fidel no quiso invitarlas porque sabía que la reacción de ellas iba a ser negativa. Él prefirió reunirse una noche a cenar para dejarles saber lo que había sucedido. Ambas le reclamaron y lo insultaron. Estaban sorprendidas con la noticia. Días después de haberse enterado, la señora sufrió un ataque de ansiedad.

Creo que nuestra unión tan precipitada fue la razón principal para que estas mujeres hablaran mal de mí. Me acusaban de interesada, engreída, insegura, controladora y bipolar. Estos comentarios que le hacían a mi esposo lo incomodaban. A veces me defendía, a veces no lo hacía. A ninguna le importaba la opinión que Fidel tuviera al respecto. Él no sabía cómo convencerlas de que estaban equivocadas. Aunque Fidel sabía que eran mentiras, me reclamó sobre los comentarios negativos generados por su familia. Se ponía de mal humor por tonterías y terminábamos discutiendo. Este comportamiento empezó a causarme tensión y ansiedad. Él me suplicaba que hiciera todo lo posible por llevarme bien con las dos.

Fidel también se obsesionó con la idea de conservar una buena relación con su familia, especialmente con su madre y su hermana. Su conducta alrededor de ellas cambió. Comenzó a ser más serio y cuidadoso con sus palabras. Aunque se relacionaba frecuentemente con ellas, no era honesto con sus sentimientos. Empezó a ocultar sus verdaderos pensamientos y a complacerlas en todo. Él tenía miedo de ser rechazado.

Cuando mi suegra nos visitaba, tenía que ofrecerle agua embotellada de su marca favorita para que no se molestara. Si deseaba pasar la noche con nosotros, ordenaba que compráramos el jabón de su predilección. Lo mismo pasaba con la comida y otros artículos de higiene personal. Yo accedía a cumplir todos sus caprichos. Así yo le demostraba que me importaba estar bien con ella.

La señora aparentaba estar feliz. Sin embargo, tan pronto tenía la oportunidad, buscaba la manera de dejarle saber a su hijo que no se sentía cómoda a mi alrededor. Para neutralizar sus sentimientos, él le daba dinero para que ella se relajara en el salón de belleza. Ella aprovechaba y se quejaba de su mala situación económica y de la insatisfacción emocional que sentía junto a su nuevo esposo.

En la medida que pasaba el tiempo, las conversaciones se hacían más íntimas; los regalos monetarios incrementaban en cantidad y en frecuencia. Esto era un motivo de disputa entre mi esposo y yo.

Jamás me opuse a que Fidel ayudara económicamente a su madre. Al contrario, admiraba ese deseo que él tenía de preocuparse constantemente por las necesidades que ella tenía. No obstante, me molestaba que ella se aprovechara de la generosidad de su hijo.

En una ocasión, mi suegra le contó a su hijo que el banco tenía la intención de apoderarse de su carro porque ella no podía pagarlo. La señora tenía un vehículo lujoso del año y le dijo a mi esposo que lo cambiaría por uno más económico con tal de no quedarse sin transportación. Sin pensarlo, y sin consultarlo, él accedió a pasarle una cantidad monetaria mensual para ayudarla con el pago del nuevo automóvil. Ella cumplió su palabra. Cambió su carro. Cuando Fidel y yo fuimos a ver su nueva adquisición, era uno mucho más costoso que el original.

La decisión de pagar el carro de esta señora fue de mi esposo. Aunque no estaba de acuerdo, lo respeté. Aun así, me molestaba que él fomentara una conducta inapropiada por parte de mi suegra. Si ella no podía sufragar los gastos de un carro de valor adquisitivo alto, en mi opinión, tenía que optar por uno de una marca más económica. Además, su segundo esposo era ingeniero y tenía una buena posición laboral. Argumentos similares a este terminaban en disputas.

Estábamos tan cansados de las peleas que el único escape que vimos fue el divorcio. Como Fidel pasaba muchas horas trabajando, delegó en mí la búsqueda de los documentos. Aunque dormíamos en cuartos separados, nunca fui a pedir ayuda legal. Sabía que lo amaba y tenía miedo a sentirme sola. Además, me casé con la ilusión de que era para toda la vida. Me negaba a terminar mi matrimonio sin haber intentado todas las opciones.

¿SUEGRA O SUEGRASTRA?

A pesar de todo, pienso que la relación con mi suegrastra fue más transparente y genuina que con mi suegra. Tal vez el hecho de que ella no tenía lazos sanguíneos con Fidel nos permitió ser más honestas cuando se trataba de nuestros sentimientos. Además, teníamos muchos gustos en común. Poco a poco formamos una amistad. Nos gustaba estar al tanto de lo último en farándula, ir de compras y ver películas.

También compartíamos un amor profundo por los animales, en especial los gatos.

En cuanto a mi suegra, para mí era muy difícil leerla. Su poco intercambio de temas para conversar se convirtió en un arma de doble filo. No sabía si su modo de evadir que yo conociera sobre su vida personal era pura discreción o indiscreción. Para simpatizar con ella, le hablaba de mi pasado. Ella se limitaba a escuchar, a asentir con su cabeza y a sonreír. A pesar de que intenté crear un vínculo con ella, no podía encontrar algo en común. Así que la amistad con mi suegrastra progresó mientras que con mi suegra se estancó. Me gustara o no, aun así, las dos eran parte de mi vida.

Mi obsesión por querer agradarle a la familia de mi esposo provocó en mí una nube de sentimientos de reproches e ira. Por más que traté de hacerlo todo bien, nunca los complací a todos. Empecé a sentir culpabilidad por no hacer todo lo que ellos hubiesen querido que yo hiciera: por no haberles pedido perdón cada vez que, según ellos, cometía un error; por no complacer a mi suegro todas las veces que nos invitó de paseo; por no atender todos los caprichos de mi familia política; por darme a respetar; por establecer mis límites; por no hacer feliz a mi esposo.

Cada vez que Fidel me invitaba a una actividad con su familia, los nervios se apoderaban de mí. Al principio, él no se percataba de lo que ocurría con mi cuerpo. Yo nunca le dije porque sentía vergüenza. Además, no deseaba que él se sintiera mal por mis sentimientos. A pesar de mis esfuerzos, en una ocasión, mi sistema biológico se descompuso delante de mi esposo.

Generalmente, cuando me enteraba de que iba a compartir con mi familia política trataba de mantener la calma pero ese día mi cuerpo me traicionó. Estaba coordinando mi boda religiosa en el comedor de mi apartamento cuando mi cuñada me llamó al celular. Luego de saludarme y de mostrar un poco de interés en el tema, trató de convencerme de que su única hija desfilara con un vestido blanco. Intenté explicarle que había escogido el color púrpura para el atuendo de todo el séquito. Ella insistía en que la niña debía usar un vestido blanco y que mi obligación era complacerla por ser la única sobrina de mi esposo. El argumento terminó en una discusión. Yo deseaba tener el control de lo que ocurría en mi boda. ¿Era eso algo malo? Diez minutos después de haber terminado la disputa con ella, mi suegro llamó al teléfono de mi esposo.

Fidel me preguntó por el suceso. No pude hablar. Estaba angustiada. Para evadir el tema, me levanté de la silla y me dirigí al cuarto de baño. Él corrió detrás de mí y agarró mi brazo izquierdo con su mano derecha. Le dije que tenía dolor de cabeza pero no quiso soltarme. Insistió en hablar conmigo del tema pero el dolor abdominal no me dejaba pensar. Era imposible concentrarme. Me faltaba una pulgada para llegar al inodoro. Con su fuerza, pudo agarrar mi otro brazo y, cuando nos miramos fijamente a los ojos, un olor espeluznante salía de mi cuerpo. Su reacción fue soltarme de inmediato y salir del baño. Abracé mi abdomen lo más que pude a pesar de que sentía el líquido caliente por mis piernas. Empecé a llorar con desesperación hasta que pude sentarme en el inodoro. Tiré la puerta con todas mis fuerzas.

En otra ocasión, mi suegra nos invitó a cenar en su casa. Su esposo iba a pasar la noche trabajando. Preparó uno de los platos favoritos de su hijo: pollo en salsa de ajo con verduras. Ella estaba feliz. Aprovechaba cada oportunidad que tenía para apretarle los glúteos, besarlo y acariciarle el rostro. Al principio, él se reía. Media hora después, le pidió que parara de tocarlo. Mi suegra empezó a llorar desconsoladamente. Él se acercó a ella para tranquilizarla y abrazarla. Ella le negó el abrazo mientras le recordaba que lo había parido y que el amor de una madre era único e inigualable. También comentó que mujeres hay muchas, pero madre sólo una.

Yo empecé a sentirme mal. Me puse muy nerviosa. Hasta cierto punto, entendía el dolor de mi suegra aunque sabía que mi esposo estaba muy incómodo con la frecuencia que ella lo acariciaba. Mi estómago empezó a revolcarse. Comencé a sudar mientras la boca se llenaba de saliva. Tuve que sentarme en una esquina del sofá blanco de su sala. Mientras los escalofríos se apoderaban de mi cuerpo podía escucharla refunfuñando desde su dormitorio, que quedaba en el segundo nivel de su residencia. Cuando Fidel se sentó junto a mí, mi boca expulsó violentamente todo lo que comí.

Los chismes generados por la mala percepción que tenían de mí, destruyeron por completo lo poco que creía que tenía a mi favor: mi personalidad. Cuando no era hipócrita con estas mujeres, era una amargada. El mal humor robaba mi paz. Ellas tenían razón cuando decían que yo parecía una bipolar. Mi inseguridad cuando las tenía alrededor ocasionaba que yo me comportara así.

Decidí retirarme de los negocios porque no aguanté la presión. Cuando compartía con la familia de Fidel, sentía miedo de decir o hacer algo que les diera motivo para criticarme. Aunque frente a ellos trataba de actuar con naturalidad, la verdad es que percibía que no tenía la libertad de ser yo misma.

Como mecanismo de defensa, Fidel me preparaba mentalmente cada vez que sabía que se acercaba una fecha en la que tenía que compartir con sus seres más queridos. Los sentimientos de inseguridad, irritabilidad, agobio y tristeza se apoderaban de mí. Tenía miedo de otro escándalo fuera de mi control y de ser atacada nuevamente. Yo era una HISTÉRICA (Hembra Íntegra que Soñó con Tener un Esposo; Rechazada, Indignada, Convertida en Amargada).

En mi novela de amor mental y ficticio, mi personaje era el de la Mona Lisa. ¿Sonrío o no sonrío? Fidel era Don Quijote de La Mancha: inteligente, lúcido y movido por el amor ideal.

INICIOS DE UN AMA DE CASA

A pesar de las altas y bajas, nuestra relación de pareja era bastante buena. Con el tiempo, mi esposo se esforzó por entender mis sentimientos y se encargó de consentirme para que cada golpe no doliera tanto. Yo prefería que él se burlara de todo lo que pasaba, en especial de mis episodios de nervios. Eso me hacía reír. Él empezó a notar que, a pesar de mis sacrificios, nadie estaba complacido. En innumerables ocasiones, me vio llorar. Fidel resentía que ellos no respetaran su decisión, que no aceptaran nuestra relación y que no les gustara mi manera de ser.

Como trabajar juntos resultó ser un fracaso, empecé a buscar trabajo en otro lugar. Ya estaba cansada de que mi suegrastra tuviera miedo de que yo me robara dinero de la compañía y de que estuviera pendiente de lo que yo hacía en mi tiempo libre. Era muy difícil entenderla. Si yo estaba en el restaurante, le preocupaba mi acceso a tanta información confidencial. Cuando no me encontraba en el establecimiento, insinuaba que yo era una mujer infiel mientras mi esposo trabajaba.

Para la mayoría de las posiciones disponibles para trabajo inmediato, estaba sobre cualificada. Para otras, no cumplía con los requisitos requeridos. Como consecuencia, mi esposo y yo decidimos que me encargara de la casa a tiempo completo. Esto tampoco me hizo muy feliz. Lo poco que me quedaba de ego se desplomó por completo. Fue como caerme de la cama con cojines en el piso. Negarme la oportunidad de enfrentarme al mundo laboral que siempre soñé, para el que tanto trabajé y estudié puso un sello bien grande en mi frente de FRACASADA (mujer FRenética y Angustiada por estar CASADA).

EN BUSCA DE LA FELICIDAD

Luego de la decisión de convertirme oficialmente en un ama de casa, entré en un estado de perplejidad que duró una semana. Usé ese tiempo para convencer a mi madre y a mi hermana de que no iba a ser para siempre. Me miraba al espejo y trataba de convencerme de que sería solamente por unos meses. Llamé a mis vecinas, a mis amigas, a mis tías, y a mi abuela para persuadirlas de que había tomado la mejor decisión. ¡No podía creer que había estudiado tanto para terminar desempeñándome como Ejecutiva del Hogar! Por más profesional que sonara el título, las labores eran de trabajo doméstico.

Cuando mi suegro murió, pensé que los chismes y las discordias morirían con él. Creía que esto nos iba a servir de lección para aprender a aceptar nuestras diferentes personalidades. Una vez más, me equivoqué.

La mala situación económica que afectaba la empresa desencadenó una guerra de poder entre mi esposo, su hermana y su madrastra. El testamento sorprendió a todos, en especial a mi suegra. Ella esperaba que su ex esposo la mencionara heredera de parte de la supuesta fortuna.

Tanto mi cuñada como su madre estaban marginadas de los asuntos de la compañía por lo que no tenían información sobre los estados financieros. Aunque no había tanto dinero como ellas imaginaban, todavía quedaba algo en las cuentas bancarias para repartir.

Mi suegro nombró a su mujer como administradora principal de todos los restaurantes. Escogió a su hijo para velar las finanzas. Ella no deseaba continuar trabajando. Se sentía muy deprimida. Le tomó alrededor de cuatro meses llegar a un acuerdo monetario con su hijastro. Fidel terminó ocupando la posición presidencial. Mi cuñada recibió siete propiedades y un porcentaje de las ganancias del negocio. Nunca estuvo feliz con su patrimonio. Quería más a pesar de que no tenía intenciones de trabajar. Le pareció muy injusta la decisión de su papá ya que éste era quien cubría sus gastos personales, a pesar de que ella era una mujer casada.

Yo guardaba la esperanza de reintegrarme en las funciones administrativas ya que mi esposo tenía control absoluto de las decisiones de los negocios. Fidel sabía que mi felicidad no era ser un ama de casa. También pensé que él tomaría en consideración mi preparación académica y mi experiencia de trabajo. Además, yo era su esposa y le había demostrado mi integridad. Sin embargo, nombró a su tío como su asistente. Aunque yo sabía que este señor reunía todos los requisitos para cumplir esta función con excelencia, me sentí traicionada. Tanto mi suegra como mi cuñada estaban en desacuerdo con esta decisión. Según ellas, ese hombre fue el alcahuete de los amoríos de mi suegro cuando todavía estaba casado con su primera esposa. Para ellas, el único hermano del fallecido también era un ladrón, manipulador, mujeriego, controlador y tramposo.

Fidel me dio la noticia una noche mientras veíamos televisión en nuestra cama. Sentí que mi corazón dejó de latir por un segundo. Estaba ilusionada con volver a trabajar junto a mi pareja de vida a pesar de que él no me había mencionado nada. Mi cara de perplejidad se puso tan roja como mi sangre, que hervía más que la lava de un volcán en erupción. Para mí fue como si él me hubiera confesado un romance con una desconocida. Yo pensaba que él anhelaba compartir esa faceta conmigo y no fue así. Mis manos temblaban del coraje que yo sufría. Empecé a gritar y a llorar como una demente descontrolada. En ese momento perdí la razón. Le reclamé toda la paciencia que había tenido durante esos cinco años de relación con él. Le dije que estaba harta de hacer el papel de estúpida a su lado. Grité que él era un inútil por permitir que su familia gobernara su manera de pensar y sus acciones. Le sugerí que metiera a todos los miembros de su clan en una licuadora y los usara de enema. Lo insulté. Agarré algunas figuras decorativas y las lancé contra el piso. Él trataba de tranquilizarme pero sólo aumentaba mi ira. Era obvio que estaba sorprendido con mi reacción y se quedó mudo. Metí algunas de mis pertenencias en una maleta y me fui a casa de mi madre.

De camino, apagué el celular para que Fidel no pudiera contactarme. Lo único que deseaba era lanzar el carro contra una pared. Por un momento ansié estar muerta. Prendí el radio para tratar de tranquilizarme pero no hallaba consuelo. Cerré mis puños y le pegué al volante mil veces. ¡Estaba tan furiosa! Mis gritos salían de la boca de mi estómago. Yo sentía la irritación de la garganta, pero no me importaba. Tenía que desahogarme y sacar todo el dolor que guardaba en mi corazón.

Mi mamá vivía como a unos veinte minutos de distancia. No deseaba que me viera en ese estado. Sabía que entraría en pánico y mi intención no era entristecerla. Estacioné el vehículo unas calles antes de llegar a su casa. Con la camisa que llevaba puesta limpié mis lágrimas, el agua de mi nariz y el rímel negro de mis ojos. Cuando llegué a su casa, ella ya sabía lo que estaba ocurriendo. Fidel la había llamado para contarle lo sucedido. El confiaba mucho en ella porque siempre le demostró ser una persona objetiva. Entre ambos existía una amistad basada en el respeto y la buena comunicación.

Después de contarle a mi madre mi versión de los hechos, ella me habló del *Club de Histéricas Manifestadas*. No entendía lo que ella me decía así que ignoré su comentario. Luego de llorar por varios minutos en su cama, me contó de una amiga que empezó a ir a las reuniones y que cambió su vida para siempre. Mientras yo sollozaba, ella acariciaba mi cabello.

Mi madre me explicó que el club se trataba de un grupo de mujeres que voluntariamente se reunían para hablar de sus problemas, desahogarse y recibir *coaching* en sus vidas. Accedí a ir el siguiente día en la mañana sólo por complacerla. Además, por primera vez en mi vida, no sabía lo que quería.

HISTÉRICAS MANIFESTADAS

Aunque mi mamá insistió en acompañarme, le pedí que me dejara ir sola al lugar. El local tenía una estructura arquitectónica contemporánea. No había ningún letrero que lo identificara. Lo único que podía ver era una pared del edificio con una imagen de una silueta negra. Era una mujer que lucía desesperada. Parecía como si ella estuviera encarcelada en ese muro y no pudiera salir. Sus brazos estaban levantados, pegados hacia la pared, con los codos doblados hacia adentro. Los dedos de las manos estaban completamente abiertos. La cara de esta chica se veía a mitad. Tenía la boca abierta, como si presenciara una tortura. El torso estaba encorvado. Desde mi punto de vista, al igual que yo, ella deseaba escalar esa pared y escaparse para siempre del infierno que la perseguía.

Traté de ver por las ventanas de cristal lo que ocurría adentro pero las cortinas lo impidieron. Yo buscaba una excusa para no entrar al establecimiento. En ese momento llegaron tres mujeres muy sonrientes. Envidié la felicidad que proyectaban y recordé que yo era así antes.

Tan pronto entré a la recepción, no pude disimular la impresión que tuve. Me sentí como si hubiera entrado al cielo. La mujer encargada de atender a los visitantes tenía una piel morena que lucía sumamente sedosa y un cabello rizado perfectamente arreglado. Aunque no era delgada, su traje negro la hacía lucir como una reina de belleza. Sus dientes perlados y labios rojizos llamaron mi atención. Cuando escuché la música instrumental que había en el fondo, cerré mis ojos. No recordaba la última vez que me había sentido tan relajada. Las paredes grisáceas y el sonido de una fuente de agua movieron mis piernas hacia un sofá marrón.

Tan pronto la recepcionista colgó el teléfono, preguntó mi nombre y algunos datos personales. Me informó que *Histéricas Manifestadas* era una comunidad de mujeres que se reunían a diario para crear un balance en sus vidas. Me invitó a participar en un taller de felicidad llamado "Transfórmate". El mismo tenía una duración de dos horas durante cuatro días y tenía un costo accesible. Mi respuesta fue rápida y afirmativa. Ella me dirigió a un cuarto con doce sillas. La sesión de la mañana daba inicio en unos diez minutos.

Disimulé mi timidez sentada en una de los asientos negros del salón mientras jugaba con mi celular. Habían cinco chicas más hablando sobre cómo se habían enterado de *Histéricas Manifestadas*. Alcancé a escuchar que una de ellas descubrió la infidelidad de su esposo con una compañera de trabajo y tenía la esperanza de que el *coaching* la ayudara a encontrar valor para divorciarse. Fue recomendada por su prima quien transformó su vida luego de aplicar los cuatro pasos aprendidos en los talleres. En ese momento llegó la líder del grupo. Ella era una mujer delgada, de tez blanca, con cabello largo, lacio y castaño. Sus lentes de pasta y uniforme la hacían lucir como un personaje sacado de una película porno. Aunque no se veía vulgar, sus enormes senos apretados y descubiertos por el escote eran merecedores de admiración. Su diminuta cintura marcada por un cinturón y sus cortas piernas entalladas con pantalones que parecían una segunda capa de piel en su cuerpo, me revelaban cada una de mis inseguridades.

La moderadora nos explicó que, en los siguientes días íbamos a aprender a mantener la concentración en los temas que realmente nos enriquecían y que ella nos enseñaría a descubrir las habilidades y cualidades que formaban nuestra identidad. Poco a poco los temas de dolor iban a desaparecer de la mente, la boca y el corazón.

Luego de que cada una hiciera un resumen de su historia había que explicar qué fue lo que aprendió de esa experiencia. Cuando llegó mi turno, empecé a llorar. Tenía la certeza de que la muerte de mi suegro en un momento tan inesperado, me enseñó lo corta que puede ser la vida. Yo necesitaba rodearme de personas que me hicieran reír y crecer. Quería enfocarme en lo bueno y en lo positivo. Deseaba ser feliz.

En ese momento, la *coach* explicó que la intención de esas reuniones era, precisamente, para que abriéramos nuestros corazones. Mediante una serie de preguntas, ella se encargaría de conectarnos con nuestra sabiduría interior para que reconociéramos las respuestas a las interrogantes que tuviéramos en nuestras vidas. Ella garantizó que, con el tiempo, sanaría las heridas que llevaba en mi corazón concentrándome en mi futuro. Estaba entrando en un proceso que me enseñaría a conocerme mejor, a perdonarme, a perdonar a los demás y a vivir la vida que tanto soñaba.

"Los que se quejan de la forma como rebota la pelota son aquellos que no la saben golpear."
-José Ingenieros

///

DESARROLLANDO MI IDENTIDAD

YO: LA FRACASADA

Era inevitable pensar en el pasado cada vez que me reunía con las histéricas. El giro inesperado que tomó mi vida luego de haberme casado, fue el motivo principal para no poder disfrutar de mi matrimonio. Yo era una profesional desempleada con el ego quebrantado. Estaba segura de que había sido un error dedicarle cinco años de mi vida a quien una vez le juré amor eterno ante los ojos de Dios y de nuestros testigos. Mi futuro no era nada parecido a lo que yo había imaginado. Como consecuencia, mi ánimo decayó. Mis sueños e ilusiones ya no tenían sentido.

Mi madre me enseñó que para ser independiente tenía que estudiar y tener una carrera exitosa. Tanto ella como mi abuela fueron mujeres que se esforzaron por lograr sus ambiciones en la vida. Según ellas, el trabajo les daba dignidad, independencia y libertad. Con ambas aprendí que "el que no vive para servir, no sirve para vivir". Yo acepté esta frase como una norma, aunque no siempre fui muy asertiva.

MIS RAÍCES

Definitivamente la familia de mi mamá fue la matriz en el desarrollo de mi identidad. Mi abuela fue una mujer maltratada que crió a sus cuatro hijas, sola. No era madre soltera. Su esposo, mi abuelo, era un mujeriego que dormía en todas partes menos en su casa. Aun así, ella sentía orgullo de que al finalizar cada travesía, el patriarca de su hogar regresaba a sus brazos. Nunca perdió su fe y optimismo. Crecer en condiciones de pobreza no le impidió hacer de sus hijas, mujeres de bien.

La inestabilidad emocional que le ofrecía mi abuelo a estas mujeres las hizo crecer con mucho sufrimiento. La irritabilidad y los constantes cambios de ánimo eran factores comunes en la personalidad de cada una.

Todas mis tías se casaron, tuvieron hijos y se divorciaron. Son profesionales, educadas y trabajadoras. Tienen buen sentido de humor y les encanta reunirse para compartir.

Mis primos fueron mis primeros amigos. Ellos entendían el difícil carácter de mi madre y la personalidad ambigua de mi padre. Sabía que cuando lloraba, entendían mi dolor. Con ellos no tenía que pretender que mi familia era "normal". Tenerlos en mi vida representaba una red de apoyo para enfrentar los retos provocados por la rebeldía de la adolescencia.

De cada una de mis tres tías recibía una sabiduría diferente. Como mi madre era una mujer estricta, en ellas encontré opiniones que balanceaban mi punto de vista sobre la vida con el de mi progenitora. Una reunión de nosotros empezaba siempre con besos y abrazos, continuaba con una acalorada discusión, y terminaba con una deliciosa comida.

Aunque tuviéramos diferentes opiniones, mi familia siempre encontraba el equilibrio para validar lo que cada uno tenía que decir. Por lo general, los primos siempre nos uníamos para criticar a nuestras madres mientras que ellas se reunían para chismear de sus vidas.

La mayoría de nuestras reuniones se hacían en la casa de mis abuelos. Como vivían en el campo, tenían una cuerda de terreno que usaban para preparar lechón a la vara. Mi abuela hacía arroz con gandules, pasteles y dulce de leche. No teníamos que esperar hasta la Navidad para encontrarnos y poder disfrutar de un plato de comida suculenta como este.

De la familia de mi papá no sé mucho. Tengo un recuerdo muy vago de mis abuelos paternos. Ellos eran divorciados. Creo que la última vez que compartí con ellos tenía alrededor de diez años. Recuerdo que la mamá de mi papá era una obsesiva compulsiva con la limpieza. Cada vez que me regañaba, me tenía que arrodillar en una esquina de su casa y rezar para que Dios me perdonara. Sus pertenencias siempre estaban organizadas. Su casa olía a polvo de bebé mezclado con una fragancia de jazmín. Las sábanas de su recámara eran blancas y habían sido tejidas a mano. Cuando la visitaba, generalmente, ella se encerraba en su dormitorio para hablar con mi papá mientras yo esperaba en la sala con mi mamá y mi hermana.

De mi abuelo paterno lo único que recuerdo es que era obeso y canoso. Su diminuto apartamento tenía un olor a medicina. Las luces eran fluorescentes. En el patio tenía una cuesta que yo usaba para deslizarme con una caja o una patineta. Así mataba las horas de aburrimiento que pasaba cada vez que lo visitaba. De ninguno de los dos guardo memorias que me hagan sonreír. Tampoco puedo aludir a un momento de dolor.

Por parte de mi padre tengo tres tías y seis primos. Las reuniones familiares con ellos eran muy divertidas. El alcohol en la sangre hacía que los adultos se relajaran, socializaran y vacilaran entre ellos. Como mi hermana y yo éramos las menores, mis primos se encargaban de entretenernos y de cuidarnos.

Mi familia paterna era muy alegre. Por lo general, hacíamos turismo interno e íbamos a la playa. Mis abuelos nunca nos acompañaban. Junto a mis primos coordinaba espectáculos de baile para romper la rutina de los adultos. Las fotografías que mi madre conserva son una evidencia de que la pasábamos muy bien cuando compartíamos.

Todavía no sé qué fue lo que pasó. De momento, no supe más de ellos. Fue como si se hubieran borrado de mi vida para siempre. Yo tenía la certeza de que mi abuela paterna despreciaba a mi mamá. Siempre supe que ella tuvo algo que ver con la separación de la familia.

GOLPES DE LA VIDA

Una tarde lluviosa mis padres tuvieron una pelea muy fuerte. No recuerdo la raíz del asunto. Era una niña. Mi mamá siempre cuidaba que mi hermana y yo no presenciáramos las disputas. Se las ingeniaba para distraernos con la televisión o con las tareas de la escuela. Aun así, yo sabía que no era normal que mi papá pasara la noche con su madre luego de una discordia con la mía.

Al siguiente día mi hermana y yo acompañamos a mi mamá a la casa de mi abuela paterna. Papi estaba durmiendo cuando llegamos. La señora no nos permitió entrar a la casa. Mami me ordenó que esperara en el carro con los cristales arriba mientras escuchaba la música de *Milli Vanilli*. Mi hermana estaba dormida en el asiento trasero. No recuerdo gritos ni insultos.

Mi abuela le hablaba a mami mientras agarraba el portón negro de su marquesina con sus manos arrugadas. Ella se negaba a permitir que mis padres se reconciliaran. Mientras veía lo que ocurría, yo lloraba. Supongo que era el presentimiento de que algo andaba mal. Mi mamá estuvo llorando todo el camino de regreso a la casa. Mi papá nunca salió a hablar con ella. Jamás supe qué fue lo que pasó esa mañana.

Una vez escuché una conversación de mi mamá con una de sus hermanas. Mami le explicaba a mi tía que no estaba dispuesta a sacrificar su matrimonio. Mi abuela quería que mi papá le comprara una casa y que se encargara de sus gastos económicos. Luego de ese suceso, no volví a saber más de esta señora hasta que murió.

A pesar de las dificultades que enfrentó el matrimonio de mis padres, no me faltó el amor. Creo que tuve una niñez común. En mi opinión, fui privilegiada. Tuve el amor de una familia que atesoro. Tenía un techo y comía todos los días. Como toda adolescente, no estaba conforme con lo que mis padres me daban en ese momento a pesar de que nunca carecí de bienes materiales. Además, siempre tuve la compañía de mi hermana.

Fui una joven rebelde. Era impulsiva, agresiva y egoísta. En gran parte era por las exigencias de mi madre. Ella le daba mucha importancia a las calificaciones escolares. Cuando yo quería pasar tiempo hablando por el teléfono o en una fiesta de marquesina, tenía que estudiar. Me molestaba su autoridad.

Saborear la independencia económica que adquieres sólo con el dinero, me facilitó tener cosas materiales que mis padres no podían darme. Conseguí mi primer trabajo como promotora porque una compañera de clases me recomendó para la posición. Disfruto recordar que, en mi salón de clases, fui una de las primeras en poder comprar su propio "beeper" y celular pre pagado.

En la escuela no fui la más popular. Aunque no tenía problemas con mis compañeros de estudios, tampoco tenía muchos amigos. En esta etapa conocí mi primer amor. Cuando me enamoré de este muchacho, jamás imaginé que él sería el autor de mi primera decepción amorosa. Este chico era un año mayor que yo. Estudiábamos en el mismo lugar.

Desde el principio, nuestra relación fue un torbellino. Me daba mucha inseguridad imaginar que, cuando él entrara a la universidad, terminara conmigo. Siempre traté de ser una novia dinámica y de disimular mis celos. Todavía recuerdo nuestros besos en los pasillos de la escuela. Inventábamos cualquier excusa para salir del salón y encontrarnos en la cancha de baloncesto. Como la escuela era tan grande, era fácil perdernos para soñar con nuestro futuro.

Por ser menores de edad, no era mucho lo que podíamos hacer para socializar. Generalmente, pasábamos nuestro tiempo libre en el cine o en nuestros hogares. Esta última alternativa no era la favorita ya que nuestros padres siempre nos tenían bajo la lupa.

Supe que estaba sufriendo mi primera desilusión amorosa cuando una amiga de la escuela me confesó que había visto a mi novio besándose con otra chica en una fiesta. Lo enfrenté tan pronto lo vi. Su cinismo me enloqueció del coraje. La media sonrisa en su rostro reflejaba su insensibilidad hacia mis sentimientos. Me dolió mucho su indiferencia cuando rompí con él. Yo sabía que nuestra relación no era perfecta, pero no veía la posibilidad de que terminara de esa manera.

Mis mejores años de soltería los viví en la universidad. Mi madre bajó la guardia con sus exigencias porque no volví a tener un noviazgo serio. Yo trabajaba y estudiaba a tiempo completo así que pasaba muchas horas fuera de la casa. Con el dinero de mis ahorros compré mi primer carro, era rojo. Me teñía el cabello y mi trago favorito era el Cosmopolitan. Tenía un cuerpo codiciado y me rodeaban chicos guapos. Para mí, ser promotora era el trabajo perfecto. Combinaba mi pasión por el mercadeo con mi vida social.

El trauma que me causó la infidelidad de mi primer novio me impedía confiar en otros hombres. Por consiguiente, todas mis relaciones eran pasajeras. Mantuve mi enfoque siempre en los estudios y en el trabajo. En mi vida, nada era más importante que eso. Me obsesioné con ser la estudiante y empleada perfecta. Aunque vivía con la ilusión de casarme con un hombre, no sabía cómo depositar mi confianza en ellos. Además, ellos no tardaban en demostrar sus instintos animales. Todos buscaban lo mismo: sexo.

Mi mejor amiga insistía en que yo tenía que conocer al primo de su prometido. Ambos estudiaban medicina en otra ciudad. Ante su insistencia, accedí a participar en una cita a ciegas. A este hombre le decían Kayak por su disciplina deportiva en el remo. Nuestro primer encuentro fue en la barra de un hotel de lujo. Cuando llegué, ya él me estaba esperando. Fue fácil distinguirlo porque el lugar estaba vacío. Él estaba solo en la barra. Mi felicidad fue obvia cuando lo vi. Era el hombre más elegante y atractivo que había conocido en mi vida. Seis pies de altura, ojos verdes, cabello castaño y corto, piel mate, cuerpo musculoso, brazos fuertes, nariz perfilada y sonrisa perfecta. Su camisa de manga larga hacía juego con el vestido negro y entallado que marcaba mi figura. ¿Qué más podía pedir? Entre tragos y conversaciones de política, trabajo y fracasos amorosos, pasamos una velada inolvidable.

Kayak y yo nunca tuvimos un noviazgo formal. Yo suponía que nuestro amorío era exclusivo porque yo era fiel y pasábamos mucho tiempo hablando por teléfono. Conocía sus movimientos y él los míos. Además, me relacionaba con su familia cada vez que compartíamos. Más de doscientas millas de distancia nos separaban así que no lo veía con la frecuencia que deseaba. Él me sorprendía con regalos en la oficina y eso le daba cierta credibilidad a nuestra relación. Nos veíamos una vez al mes y, gran parte del tiempo, estábamos acompañados por otras personas.

Llevábamos compartiendo casi un año cuando sus insinuaciones para tener relaciones sexuales incrementaron. Empezó a tocarme diferente. Sus besos eran más efusivos. Usaba sus manos para llevar las mías a su pene erecto. Yo me excitaba mucho, pero no me atrevía a entregarme por completo. No me sentía preparada. En una ocasión, me invitó a pasar el fin de semana con él. Había separado una habitación en un hotel para celebrar mi cumpleaños. Aunque tenía mis dudas, acepté. Yo sabía lo que él quería. Estaba enamorada y deseaba complacerlo. Pensé que atreverme a dar el siguiente paso nos uniría más como pareja.

La primera noche, festejamos mis veintiuno en la discoteca del lugar en donde nos hospedábamos. Él se encargó de invitar a todas nuestras amistades. Entre *shots* de ron con gelatina, nos embriagamos. Cuando llegamos a nuestro dormitorio, me metí en la ducha. Al salir, él se había quedado dormido. El día siguiente nos levantamos muy tarde. Nos quedamos toda la mañana en la habitación descansando.

En la noche, nos bañamos juntos en una tina de burbujas. La luz tenue que nos alumbraba me permitió ver sus manos grandes y ásperas apretando mis senos. Luego empezó a morderlos como un desesperado. Me empecé a excitar y agarré su pene. No era muy grande pero estaba durísimo. Empezamos a gemir. Tres minutos después nos tiramos en la cama mientras nos besábamos. Todo era pasión. Él se ubicó encima de mí. Agarró un condón y se lo puso en su órgano erecto.

Primero me metió los dedos. Yo lo disfrutaba. Mientras tanto, mis manos jugaban con su miembro. Él notó mis nervios pero me consoló diciéndome por primera vez que me amaba. Abracé sus glúteos con mis piernas. Él se movía lentamente mientras yo admiraba sus brazos y abdominales. En el momento que empezó a dolerme, terminó. Lentamente se retiró y se quitó el preservativo que cargaba todos sus espermatozoides.

Al levantarme de la cama, noté que bajaba una mancha oscura y caliente por mis piernas. Kayak me preguntó si estaba en esos días del mes. Se molestó cuando supo la verdad: esa había sido mi primera vez. Me quedé muda. El silencio y la tensión se apoderaron de los dos durante unos segundos. Me preguntó si yo estaba loca. No supe distinguir si él estaba enojado o preocupado. Traté de besarlo para calmarlo pero me empujó. Jamás imaginé que reaccionara de esa manera. Intenté explicarle que nunca le había dicho porque temía que no me creyera. Él no me permitió hablar.

Por el trabajo que realizaba, yo había desarrollado una personalidad muy coqueta. Me ganaba la vida promoviendo bebidas alcohólicas. Para los hombres yo era como un símbolo sexual inalcanzable porque no les vendía mi vagina. Como promotora, el cuerpo y la sensualidad eran la herramienta perfecta para acaparar la atención del sexo opuesto. Una vez llamaba la atención de estos posibles compradores, las palabras sólo finalizaban la transacción.

De mis amigas, yo era la única virgen del grupo. Ellas lo sabían y por eso me decían microondas (mujer que calienta la comida -el hombre- pero no se la come).

Kayak terminó nuestra relación en la mañana siguiente a nuestro primer encuentro sexual. Me trató como a una prostituta barata. No cruzó una palabra conmigo durante el camino. Su comportamiento me demostró que las cosas entre nosotros habían llegado a su final. Tampoco se despidió de mí. Aun así, lo llamé varias veces al día durante toda la semana. No volví a saber de él. Pasé casi un mes sin dormir. Lloré todas esas noches. Me sentía sucia, usada y humillada. Estaba destruida. Me arrepentí mil veces y lo maldije dos mil.

Cada vez que alguien preguntaba por Kayak evadía hablar del tema. La única persona que supo lo que realmente sucedió fue mi hermana. Necesitaba desahogarme. Contarle fue como revivir una tragedia. Para relajarnos, tomamos una cerveza mientras fumábamos un cigarrillo. Nunca hablé de esto con otra persona. Moría de la vergüenza de tan sólo recordarlo. Me juré que no tendría más relaciones sexuales sin antes haberme casado. No me importaban las consecuencias. Mi madre tenía razón. Podía escuchar la voz de ella diciendo una y otra vez que "el hombre promete hasta que mete". ¡Desgraciado!

Tras mi horrorosa experiencia, quería hacer un cambio en mi vida. Como ganaba muy bien, era muy difícil dejar un trabajo que me pagaba tanto dinero y que disfrutaba. Hablé con mi jefa y le pedí que desistiera de mis servicios como promotora. Aunque mi salario disminuyó, estaba tranquila con mi decisión.

Un jueves de diciembre mi supervisora me pidió que visitara un restaurante que llevaba poco tiempo abierto. Mi primera reacción fue negar su propuesta porque yo no deseaba hacer más trabajo de promotora. Ella me suplicó, me convenció y terminé aceptando.

Esa noche me puse un vestido que moldeaba completamente mi silueta. Se adhería tanto a mi cuerpo que no pude usar ropa interior. Era un leotardo verde de pantalón y mangas largas. Entre brincos y empujones, me tomó una eternidad entrar en él. Me recogí el cabello como cola de caballo. Me hice un maquillaje natural, embarré mis pestañas con rímel y mis labios con brillo.

Cuando llegué al lugar, me identifiqué con una camarera. Le expliqué que yo era la promotora de la noche. Ella me dirigió a una oficina que había en el segundo nivel del establecimiento. Al entrar, fijé mi mirada en la sonrisa que iluminó mi noche. El físico de ese hombre desconocido despertó mi interés inmediatamente. Mi vagina no tardó en humedecerse. Mi cuerpo deseaba empujarlo contra su escritorio. Mi boca quería saborear cada centímetro de su piel. Mis manos sentían curiosidad por tocar el órgano viril que cargaba en medio de sus piernas. Aun así, mi orgullo y profesionalismo me impidieron devolver el efecto de sonreír. No quería que él se percatara del baile que tenían mis hormonas.

Desde el principio, él siempre fue muy atento. Usaba cualquier pretexto para platicar conmigo mientras yo me paseaba por el piso de su restaurante. Como mi pasado amoroso estaba lleno de traiciones e infidelidades, no le presté mucha importancia. No estaba ahí para socializar. Me concentré en hacer mi trabajo.

Una semana después de la promoción, recibí una llamada telefónica en mi oficina. Era el dueño del restaurante. Platicamos un rato y me invitó a cenar. Con indiferencia en mi tono de voz, acepté.

Luego de varias semanas y encuentros como amigos, me confesó que se estaba enamorando de mí. Yo no lo creí. Aunque me agradó la honestidad de Fidel, no deseaba ilusionarme.

Días después, mis amigas me invitaron a la bolera. La estábamos pasando de maravilla hasta que mis ojos se cruzaron con la mirada de Kayak. Mi corazón empezó a palpitar con intensidad. Por un momento lo único que imaginé fue estrangularlo lentamente con mis manos. En lugar de ir a lastimarlo, agarré mis cosas y me despedí de las muchachas. Una de ellas era mi vecina así que me acompañó por el camino. Ella vivía unas calles antes de la casa de mis padres. Luego de dejarla en su vivienda observé que Kayak había obstruido el paso. Estacionó su carro de tal manera que impedía el paso del mío. Mi única opción era detener el vehículo. Mientras él caminaba hacia mí, bajé la ventana.

A simple vista, parecía como si Kayak estuviera nervioso. Tan pronto se disculpó le dije que era un cobarde. Para mí era mejor actuar como si jamás nos hubiéramos conocido. Le exigí que moviera su carro porque estaba dispuesta a destruírselo con el mío. Él no me creyó hasta que vio que le apreté al acelerador con mi pie derecho. El día siguiente me llamó en más de cinco ocasiones. Empezó a enviar mensajes de textos y a escribirme por el correo electrónico. Me pidió que lo perdonara en varias ocasiones. Me dijo que no supo cómo reaccionar porque nunca había estado con una virgen. Me suplicó una y otra vez que nos viéramos.

En una ocasión me llamó en medio de una cita con Fidel. La llamada estaba bloqueada y contesté pensando que era mi jefa. Le pedí de favor que no me volviera a llamar y que entendiera que lo nuestro, él lo había terminado. Le colgué el teléfono antes de que él pudiera despedirse. En ese momento le dije a Fidel que mi ex era un sicópata y que quería regresar conmigo. Como lo comenté en un tono de broma, él no le dio color al asunto.

Cuando Kayak se enteró de que yo estaba saliendo con otro hombre, aumentó su hostigamiento. Me dejaba mensajes de voz insistiendo en que reanudáramos nuestra relación. Él estaba convencido de que, si nos veíamos una vez más, yo me iba a dar cuenta de que todavía estaba enamorada de él. Su insistencia me confundió tanto que consideré cancelar mis citas con Fidel. Fue mi hermana la que me persuadió de que no me volviera a encontrar con Kayak. Ella me recordó todo el sufrimiento que yo había pasado. Me exhortó a que le diera una oportunidad a este nuevo romance que había llegado a mi vida.

Fidel me demostraba constantemente que yo le importaba. Él siempre se las ingeniaba para que estuviéramos solos. Para nosotros era divertido platicar de nuestros intereses, ir al teatro y a cenar. Nuestras salidas se caracterizaban por las largas horas que invertíamos en descubrir nuestros intereses. Estar al lado de este hombre me hacía sentir importante, segura y tranquila. Cuando acepté ser su esposa, sabía que había tomado la mejor decisión de mi vida.

ADIÓS AL PROFESIONALISMO

Mis labores en el mundo de las promociones culminaron cuando mi suegro me invitó a formar parte del equipo de trabajo de su nuevo restaurante. Aunque yo ganaba casi el triple de lo que iba a generar en el negocio familiar, acepté porque recibía una satisfacción personal: estar más cerca de mi esposo.

Sesenta días después de haber iniciado mis labores como coordinadora de las actividades del restaurante, una empleada malinterpretó una conversación que escuchó sobre unos artículos de promoción para una actividad que yo organizaba. Tan pronto tuvo la oportunidad, le contó a mi suegrastra su versión de la historia. Según esta mujer, yo dañaba la imagen de mi suegro porque criticaba su falta de organización en la empresa.

Lo que realmente pasó fue que Fidel y yo estábamos enojados porque habíamos ordenado unos folletos para promover nuestro menú y, en su lugar, llegaron unas hojas sueltas. Mi esposo y yo hablábamos sobre la necesidad de convencer a mi suegro de que delegara más responsabilidades en nosotros cuando la empleada entró en nuestra oficina.

En la familia todos estábamos de acuerdo con que mi suegro era un adicto al trabajo. Su obsesión por tener el control de todo lo que pasaba en los restaurantes, le impedía muchas veces encomendar labores a otros. Cuando la madrastra de mi esposo se enteró del chisme, se ofendió. Tomó la decisión de no contestar mis llamadas telefónicas por varios meses. También evadía compartir personalmente con nosotros.

Ajena a lo que estaba ocurriendo, yo notaba su distanciamiento pero estaba tan ocupada trabajando día y noche en el restaurante que no le presté importancia. Una tarde, mi suegro habló conmigo sobre lo que estaba pasando y me pidió que me disculpara con su esposa. Como no lo hice, el rechazo fue inminente.

El malentendido provocó un distanciamiento entre todos nosotros y mucha desconfianza. Me puse paranoica. Tenía la certeza de que cada movimiento era observado y juzgado en mi contra. Evitaba la intimidad con mi familia política por temor a dar información que pudiera ser usada en mi contra.

Una vez, mi suegrastra llamó a Fidel para preguntarle algo sobre unos depósitos que no se habían reflejado en la cuenta bancaria del negocio. Esa mañana, mi esposo y yo preparábamos juntos el desayuno. Nuestra cocina no era muy grande. Ella no sabía que yo estaba parada al lado de él. Escuché toda la conversación.

Con un tono de sarcasmo, la esposa de mi suegro le preguntó a su hijastro cuánto él confiaba en mí. Según ella, existía la posibilidad de que yo estuviera haciendo transferencias de dinero sin que él lo supiera. Para mí eso fue como recibir un golpe de agua de Oymyakon, el río más frío del mundo. No pude controlarme, arrebaté el celular de las manos de mi esposo. Con firmeza le cuestioné a mi suegrastra qué era lo que estaba insinuando. Ella evadió hablar conmigo. Con tranquilidad, sin subir su tono de voz, me pidió que le dijera a Fidel que hablaría con él personalmente sobre el asunto el siguiente día. Nunca volvieron a hablar sobre el tema.

En una ocasión, mi suegro nos invitó a cenar en su casa. La reunión era para lograr una reconciliación entre todos nosotros. Bueno, eso fue lo que él propuso. Para evitar malos entendidos, su esposa sugirió que Fidel y yo escribiéramos en un papel todos nuestros gastos del mes. Mi suegrastra deseaba estar segura de que no estuviéramos despilfarrando el dinero proveniente del negocio. Yo no estuve de acuerdo. Mi esposo y yo teníamos un salario. Para mí, no era necesario que ellos supieran cómo manejábamos nuestras finanzas personales puesto que no afectaban las operaciones de la compañía. Sin embargo, la manera tan sutil y amigable de decir las cosas disfrazaba las verdaderas intenciones de esta mujer: controlar lo que hacíamos con nuestro dinero.

Situaciones como estas provocaron que yo empezara a perder el control de mis emociones. Me faltaba muy poco para celebrar mi primer aniversario de boda. Tristemente, no percibía que era parte de mi familia política. Estaba decepcionada de mí. Pensaba que para ellos yo era una dama de compañía en lugar de una esposa.

Una mañana no pude levantarme de la cama. El abatimiento se apoderó de mí. Decidí no volver a trabajar. Mi esposo no se sorprendió con mi decisión. Le supliqué con lágrimas en los ojos que no me volviera a involucrar en actividades con estas personas. Posteriormente, hice una lista de todas las agencias en las que yo podía trabajar. Envié mi *curriculum vitae*. Nunca me llamaron para entrevista.

Los meses de búsqueda de empleo me obligaron a encargarme de la administración del hogar. Me cansé de buscar trabajo. Indignada, acepté mi nueva función. Mi infelicidad e inconformidad causaron muchas tensiones en mi matrimonio. Mi esposo siempre estuvo más entusiasmado que yo con la idea de convertirme en un ama de casa. Sin embargo, imaginarme en esa posición era como experimentar una maldición. Mi intención no era convertirme en amiga de una escoba.

"El hombre más feliz es quien encuentra paz en su hogar."
—Johann Wolfgang Von Goethe

LA VIDA ME SORPRENDIÓ

PAZ O LIBERTAD

Luego de mi pelea con Fidel, pasé la noche en casa de mi mamá. Tras mi primera sesión con las histéricas, me dirigí a reencontrarme con mi esposo en una panadería que visitábamos con frecuencia. Su seriedad me dejó saber que todavía estaba enojado conmigo. Traté de conservar una buena actitud y aplicar las recomendaciones que recibí el día anterior en mi reunión con las *Histéricas Manifestadas*. Lo saludé con un beso corto y seco en sus labios. Comentó algo negativo de comportamiento pero lo ignoré.

Tan pronto me senté en la silla le recordé que llevábamos cinco años de matrimonio en los que yo traté de mantener una relación saludable con los miembros de su familia y que sentía que había perdido el tiempo. Como él no reaccionó a mi intento de entablar una conversación, le conté con entusiasmo sobre los ejercicios que había realizado en la sesión de *coaching* y le supliqué que me perdonara por mi momento de histeria. Él me miraba con asombro. Le confesé que descubrí que mi mayor ilusión era crear una familia a su lado y obtener una posición gerencial en una empresa prestigiosa. En mi visión del futuro estaba él y se lo dejé saber proyectándome muy segura. Durante mi monólogo, él levantaba sus cejas e inclinaba su quijada hacia el cuello. Cruzó sus brazos y miró fijamente a mis ojos. Usé ese momento para expresarle lo mucho que lo amaba hasta que me interrumpió. Sin titubear, me pidió el divorcio.

Tras escuchar la palabra que definiría el resto de mi futuro, abrí los ojos y la boca. Quedé sorda, muda, sin idea de lo que estaba pasando. Traté de mantener calma. Inhalé y exhalé como me enseñaron las histéricas. No era el momento de expresar mi confusión ni de pelear. En mi mente repetía constantemente que mantuviera una buena actitud. ¿Cómo iba a lograr eso? ¡El amor de mi vida quería alejarse de mí para siempre!

Peiné la raíz de mi cabello suelto con mi mano izquierda y las puntas con la derecha. Sonreí y le recordé que yo estaba desempleada. Luego de una plática sobre mis planes para el futuro, lo convencí de que continuáramos viviendo juntos bajo el mismo techo mientras yo me estabilizaba económicamente. Él accedió con la condición de que yo me dedicara a encontrar un trabajo.

Llegamos juntos a nuestro nido de gusanos. Cuando llegó la noche, él quiso dormir en el dormitorio de la visita. No lo permití. Le prometí que no lo tocaría. Le recordé que mi cama también era la suya.

Al siguiente día me levanté y preparé mi desayuno. Aproveché el tiempo y lavé mi ropa. Me vestí y me fui al encuentro con las histéricas. Cuando regresé, él estaba esperándome. Fue incómodo llegar y no besarlo. Lo saludé y me senté en la computadora a buscar trabajo. Cuando me preguntó sobre la cena, no dudé en decirle que no cocinaría. Así fue como también me quité la responsabilidad de llevarle desayuno a la cama, preparar su café en las mañanas, lavar sus calzoncillos con mancha de trasero sucio, recordarle que se lavara bien la boca, arreglar sus manos y sus pies, avisarle cuando su celular sonaba, llevar su agenda ejecutiva, preparar entremeses cada vez que sus amigos lo visitaban, poner mi boca sobre su pene cuando me lo pidiera, tener sexo sin realmente desearlo y atender a su familia cuando lo visitaban. Yo me encargué siempre de organizar mis cosas. Sin embargo, las de él decoraban lo que quedaba de nuestro hogar. Nunca le dije algo sobre su cochinero.

Por supuesto, algunas de mis labores domésticas mi suegra estaba dispuesta a realizarlas por su hijo. En una ocasión, mientras yo cocinaba mi almuerzo, ella pasó a recoger la ropa sucia de su hijo. Él estaba trabajando. Cuando llegó, la recibí vestida con ropa del gimnasio. Me miró de arriba hacia abajo como si yo estuviera desnuda. La saludé con un beso y un abrazo. La invité a sentarse mientras yo comía. Tan pronto tuvo la oportunidad, me preguntó qué iba a hacer en la tarde. De esta manera ella se enteró sobre mi nueva rutina de ejercicios: Yoga, Pilates y Zumba. Con una tímida risa, le agradecí todo lo que hacía por mí. Ella aclaró, con seriedad en su rostro y firmeza en su tono de voz, que su hijo la necesitaba en ese momento ya que el matrimonio no andaba bien. Me empecé a reír como nunca. Me encargué de que mi cinismo fuera obvio.

Aunque no era verdad, le dije a mi suegra que todo era un teatro exagerado de su hijo porque él deseaba involucrarla más en su vida. Era cierto que, tras la muerte de su padre, Fidel quería pasar más tiempo con ella. Honestamente, para él, su madre era importante pero no indispensable como ella se creía. En ese momento fui y busqué la bolsa de basura más grande que tenía en la cocina. Ahí coloqué toda la ropa sucia de mi esposo. Recogí las camisas que estaban en la sala, los pantalones colocados sobre la mesa del comedor y los calcetines de la cocina. Coloqué la bolsa en una esquina de la sala y le pedí que esperara un segundo. Me dirigí al armario de su hijo y agarré el saco que cargaba todos los trapos apestosos que él usaba para trabajar. Lo admito, añadí ropa limpia también.

Irradié felicidad. Con una sonrisa de oreja a oreja, le entregué todo a mi suegra. Ella actuó muy sorprendida. Creo que no imaginaba la cantidad de ropa que ensuciaba su querido hijo. A pesar de que imaginé barrer el piso con el cabello de la doña, controlé mis emociones. Fui muy educada, no le reclamé. Gentilmente le di las gracias, una vez más, por ese gesto de cortesía que tenía conmigo. Le recordé que yo nunca fui muy fanática de lavar, planchar, doblar y guardar ropa masculina. Cordialmente la invité a salir de mi casa porque yo tenía una cita con mis amigas, en el gimnasio.

Fidel pasaba mucho tiempo en sus negocios así que delegó en mí la búsqueda de los documentos del divorcio, tarea que nunca realicé. Al mes de "nuestra separación" conseguí empleo en el departamento de mercadeo de un banco. Aunque ganaba el salario mínimo, me volví adicta a mis nuevas labores. A pesar de que mis supervisores admiraban mi pasión por el trabajo, me afligía que mi relación amorosa no estaba en su mejor momento.

Irónicamente, las largas horas que empecé a pasar fuera de las cuatro paredes de mi residencia me hicieron extrañar el tiempo que invertía en cocinar, en limpiar, en mi esposo y en mí. Al principio pensé que era flojera. Analicé mi ritmo de trabajo y descubrí que estaba perdiendo lo más importante en mi vida: mi núcleo familiar.

Hasta cierto punto la distancia nos unió. La mayoría de las veces, Fidel llegaba a la cama antes que yo. Mi rutina diaria culminaba con un baño de agua caliente, una copa de vino, una compilación de canciones relajantes y uno que otro melodrama en la bañera, sola. En varias ocasiones observé que Fidel trataba de abrir la puerta sin hacer ruido. Jamás permití su entrada. A pesar de que la tensión entre ambos era evidente, de vez en cuando veíamos una película juntos mientras comíamos palomitas de maíz en la cama. Aunque su vocabulario se tornó frío conmigo, nunca dejó de llamarme al celular para conocer mi agenda del día. La comunicación era recíproca. Fue como volver a empezar desde el principio. Esta etapa duró más que mi noviazgo. Fueron seis meses de incertidumbre que decidí usar a favor mío. Aunque deseaba una reconciliación, quería estar preparada para lo peor.

Una tarde, Fidel me invitó a cenar. Sorprendida ante su petición acepté sin pensarlo. Era viernes así que hice todos los arreglos para salir temprano del trabajo. Fui a la casa de mi mejor amiga. Allí me bañé, me sequé el cabello y me arreglé. Escogí un vestido casual elegante. Era rosado y ajustado hasta la rodilla. Lo combiné con un bolso que acentuaba mis sandalias doradas. Peiné mi cabello con unas ondas naturales y me hice un maquillaje ahumado en los ojos.

Cuando llegué al lugar, observé que Fidel bebía wiski. Como él no quiso comer, yo pedí un plato de humus con pan pita como cena. Él usó una camisa blanca un poco suelta con una corbata cuyo nudo también estaba suelto. Su cabello lucía despeinado, como parte de su estilo.

Mientras se intoxicaba, Fidel me contó sobre las frustraciones de su vida. Me confesó que se sentía solo. La relación con su madre era patética. Su hermana nunca lo llamaba y su suegrastra lo odiaba. Para él, su mejor amigo era su padre. La muerte de mi suegro lo dejó desamparado.

Fidel era un hombre compasivo. Al igual que su padre, él deseaba complacer a todas las personas que lo rodeaban. Admitió que todavía me amaba, pero que mucho tiempo sintió que él no era lo suficiente hombre para mí. Él sentía que su familia lo trataba como un niño y que yo lo castigaba con mi desesperación por el comportamiento inapropiado de ellos. Traté de defenderme pero él no me lo permitió. Según él, ese era su momento de hablar.

Luego de unos cuantos tragos me dijo que nuestro distanciamiento le demostró dos cosas: Primero que, en efecto, su mamá y su hermana le confirmaron que nunca me quisieron como mujer. Segundo, que deseaba repetir la vida de su papá sin los errores que éste cometió. A diferencia de su padre, él estaba dispuesto a ser feliz con la mujer de sus sueños. Aunque reconoció el amor profundo que existió entre su papá y su madrastra, aceptó que su progenitor no supo establecer límites con su hija y su primera esposa.

Fidel trató de acercar su cuerpo al mío, pero la mesa nos separaba. Colocó sus brazos sobre la mesa y me miró fijamente a los ojos. Me pidió que lo perdonara. Para mí fue inevitable llorar. Había anhelado ese momento por varias semanas. Yo imaginé muchas veces que ese suceso ocurriera pero no esperé que fuera tan rápido. Cerré mis ojos mientras dejaba caer unas gotas de lágrimas sobre mis mejillas. Mi boca no pudo expresar mi felicidad. Deseé sellar ese momento con un beso, pero todavía estaba herida. El resentimiento y el miedo me impidieron tomar una decisión.

PERDONAR

Luego de la muerte de mi suegro, mi esposo fue nombrado Presidente de la compañía familiar. Cuando Fidel me contó que había decidido nombrar a su único tío como su asistente en lugar de a mí, me puse histérica. El coraje nubló mis pensamientos. Lo insulté y me fui a casa de mi madre. Fue ella quien me recomendó que formara parte del grupo de *Histéricas Manifestadas* con el fin de recibir *coaching* para tomar mejores decisiones.

Mi encuentro con Fidel, luego de la pelea que tuvimos, ocurrió tras mi salida de mi primera sesión con las histéricas. No dormí en toda la noche. El único pensamiento que tenía en la mente era la petición de divorcio que hizo mi esposo.

Me presenté a mi segunda sesión sin una gota de maquillaje en la cara. Las ojeras fueron la mejor evidencia de que pasé la noche desvelada. Mis nuevas amigas trataron de consolarme dándole un giro positivo a la situación. El tema de esa mañana calurosa fue la espiritualidad. Este concepto me confundió muchísimo. Lo único que yo conocía era la religión en la que crecí.

Durante dos horas aprendí que cultivar la espiritualidad establecía un orden de prioridades en el diario vivir. No implicaba ser la mujer, esposa o madre perfecta. Iba a seguir sintiendo tristeza, necesidad de amar y de ser amada. Tampoco significaba que los problemas iban a desaparecer mágicamente. Entonces, ¿en qué me beneficiaba una vida espiritual?

Tras mi incrédulo cuestionamiento, mis compañeras me miraron impresionadas. La moderadora explicó que, cuando nos comunicáramos con el ser supremo, experimentaríamos amor, gozo y paz. Nos garantizó que la conexión con Él nos brindaría calma y serenidad en medio de los retos de la vida. Se trataba de establecer una conexión con la sabiduría interior que recibíamos de una fuerza superior omnipotente (todo lo puede), omnipresente (está presente en todas partes a la misma vez), omnisciente (todo lo sabe), y omnibenévolo (su amor es ilimitado). Realmente fue difícil digerir y entender este tema. Nunca me había rodeado de seres espirituales.

Mi abuela materna era tan extremista con su religión que convirtió la marquesina de su casa en una pequeña iglesia. La decoró con diversas piezas que representaban a la virgen y a diferentes santos. Mi abuela paterna practicó el espiritismo. También tuvo un altar. La diferencia entre uno y otro era que el de la madre de mi papá era mucho más pequeño. Ella lo ubicó en una esquina de su dormitorio. Siempre tuvo velas encendidas. Eran de diferentes tamaños y colores. En lugar de estatuas, lo decoró con fotografías y colores. Ambos tenían una cruz en su centro. Los fines de semana mis padres los usaban para descansar. Visitar la iglesia nunca fue nuestro mejor hábito.

Tenía dieciocho años la primera vez que fui a un templo sin mis padres. Me invitó una amiga de la universidad. Me llenó de curiosidad observar cómo las personas llegaban, se saludaban, levantaban sus brazos, cantaban, bailaban y lloraban. Unas se tiraban al piso, otras hablaban en voz alta y algunas sólo miraban.

Mi relación con la iglesia fue tan ambigua como la que tuve con Kayak. A pesar de que el trabajo y la universidad consumían mi tiempo y mis energías, de vez en cuando iba para no perder la costumbre.

Cuando conocí a Fidel, supe desde el principio de su relación estrecha con Dios. Según él, su familia era muy conservadora debido a sus fuertes creencias ortodoxas. Mientras la enemistad con la familia de mi esposo se hacía cada vez más evidente, más me alejaba de la iglesia. Estas personas, en especial mi suegra, utilizaban todo tipo de trucos para manipular los sentimientos, las emociones y el respeto que tenía Fidel hacia ellos. Para mí, los rodeaba un egocentrismo perverso.

Mi suegra frecuentaba una parroquia varias veces en semana. Supe esto antes de conocerla personalmente. Saber que profetizaba paz y amor me ilusionó. Pensé que esta área de su vida la acercaría más a mí. Idealicé mi relación con ella. Veía sus fotografías en el apartamento de Fidel, que para entonces era mi novio, e imaginaba un futuro prometedor con ella.

Conocí a mi suegra una semana antes de saber que Fidel estaba enamorado de mí. Ella lo visitó para pasar el fin de semana con él. Yo sentí mucha emoción. Ya la había saludado en varias ocasiones por el teléfono así que estaba muy ilusionada. Fidel nos invitó a tomar un café en una librería que él frecuentaba. Tan pronto llegamos, él se excusó para ir al baño.

Mi intuición me delató que la señora era un poco indiscreta cuando me comentó que el apartamento en el que vivía Fidel tenía cámaras de seguridad. Levanté mis cejas asombrada. Nunca las había visto. Mientras tomaba su té de camomila, me dejó saber que ella conocía quién entraba y quién salía del apartamento de su hijo. Me informó que estaba al tanto de las largas horas que nosotros compartíamos y me advirtió que si quería ser tratada como una dama, tenía que comportarme como tal. Me preguntó a qué se dedicaban mis padres y en qué yo trabajaba. Cuando mi novio se unió a la conversación, ella comentó (muy sonriente) que estábamos teniendo una plática de madre e hija y empezó a acariciar mis dedos con la yema de los suyos.

El resto de la velada se basó en la fabulosa vida que llevaba mi futura suegra con su esposo y en lo mucho que extrañaba a su bebé. Yo sonreía mientras mi futura suegra hablaba. Ella estaba tan entretenida hablando que no se percató de que su hijo se burlaba de lo que ella decía. Fidel la interrumpió para invitarnos a almorzar. Para levantarse, la señora, agarró la mano derecha de su hijo que ya estaba de pie. Cuando terminó de ayudarla, Fidel sujetó mi muñeca izquierda con su mano izquierda y me empujó hacia él.

Como dos novios enamorados, empezamos a caminar hacia el estacionamiento sujetados por nuestros dedos meñiques. Lentamente, la señora se acercó a su hijo y lo abrazó por la cintura hasta que llegamos al carro.

Dejé de creer que esta mujer era una buena persona cuando noté que su comportamiento conmigo era falso. A pesar de que ella manifestó en diversas ocasiones que tenía la intención de crear un vínculo conmigo, me percaté de que todo era mentira cuando Fidel empezó a recibir cartas escritas por ella. Escribió en varias ocasiones que Dios le había revelado que yo fui enviada por el enemigo para alejarlo del camino correcto. Citó versos bíblicos en los que evidenciaba nuestro camino a la perdición. La madre de mi novio desconocía que yo estaba al tanto de sus artimañas. Unos meses después, su hijo la sorprendió con la noticia de nuestra boda.

La noticia del casamiento defraudó mucho a mi suegra. Apoyada por su hija, se dedicó a difamarme con otros miembros de la familia. Ambas alegaban que él cambió cuando me conoció. Según ellas, dejó de ser atento, caballeroso y cariñoso. Yo lo convertí en un hombre frío y despiadado.

Paralicé mis visitas a la iglesia porque me aterraba la idea de convertirme en una mujer injusta y cruel, como mi suegra. Mostró interés en mi persona sólo para usar toda la información en mi contra. Ella juzgó mi pasado y nunca presentó compasión hacia mis sentimientos. Esta señora enjuició mi manera de hablar, de vestir y de actuar. En diferentes ocasiones me abrazó con su misteriosa sonrisa y me exhortó a que aceptara a Dios en mi vida. Su modo extraño de actuar me hizo pensar que quedó traumatizada cuando se divorció y que la religión era un escudo para esconder su dolor y reprimir sus sentimientos. Nunca percibí amor o aceptación por parte de ella. Todo lo contrario. A su lado yo era inferior y menospreciada.

Mi *coach* fue la primera persona que me explicó que Dios sabía que yo no era perfecta. Esta mujer me inspiró a llenar ese vacío que tenía en mi corazón. También me enseñó que yo era la única que podía definir mi espiritualidad. Comprendí que era mi responsabilidad luchar por tener una relación cercana con Dios. Se trataba de mí y no de la opinión de los demás. Conocer más sobre este tema me llenaba de consuelo, inspiración y motivación.

Para la segunda sesión de las *Histéricas*, tuve que hacer una lista de afirmaciones en las que declaraba el perdón en mi vida. Reconocí que todavía resentía el comportamiento de mis ex novios y de mi esposo. Confesé que tuve coraje por mucho tiempo con mis padres por haber sido tan estrictos conmigo durante mi adolescencia. Expliqué que guardaba dolor en mi corazón por haber complacido a Kayak aquella noche en la que le regalé mi virginidad. Decidí perdonar a mi suegra, a mi suegrastra y a mi cuñada. Noté que, mientras más vociferaba la frase "te perdono" junto a mis compañeras, una angustia se apoderaba de mí. El sentimentalismo era una característica fuerte de mi personalidad. Tras percatarme de que algunas lloraban, cerré mis ojos y me dejé llevar por lo que percibía en esos momentos.

La moderadora puso música de fondo y me solté. Caí de rodillas en el piso. Coloqué la cabeza sobre mi silla y cubrí mi cara con mis brazos. Lo dejé salir. El llanto purificaba mi corazón. La angustia lentamente desaparecía. Algunas de las histéricas se manifestaron. Gritaron como si el dolor estuviera desgarrando sus almas.

Escuché cómo la *coach* le pedía a Dios que sanara nuestras almas y que tomara el control de nuestras vidas. Se acercó a mí y me susurró al oído que yo nunca dejé de ser un reflejo de la grandeza del ser supremo. Me pidió que me pusiera de pie y que abrazara a mis compañeras. Sollocé por unos minutos junto a ellas hasta que nos tranquilizamos.

OLVIDAR

Por más que llorara, era imposible borrar de mis pensamientos la muerte de mi suegro. A las ocho de la mañana del primer miércoles de febrero, Fidel recibió una llamada telefónica de su madrastra. Supimos que algo andaba mal porque ella nunca lo había llamado tan temprano. Cuando colgó el celular, mi esposo se dirigió al hospital. Estaba muy consternado. Mi suegro sufrió un ataque al corazón. Tan pronto supe, llamé a mi cuñada y a mi suegra. Ellas estaban fuera del país así que las ayudé con los arreglos para que viajaran.

Llegué al hospital con mi cuñada. Estaba estacionando mi carro cuando Fidel me llamó al celular para decirme que mi suegro había fallecido. Tuve que disimular mi reacción. Él quería darle la noticia personalmente a su hermana. Su mamá ya había llegado y estaba al tanto de todo. Pude ver que él se acercaba a nosotras mientras secaba las lágrimas con su camisa. Mi cuñada se salió del carro para bajar sus maletas. Ella quería pasar la noche en el hospital. Tenía la certeza de que su propósito era cuidar de su padre. Cuando su hermano le confesó el diagnóstico de muerte, empezó a gritar y a llorar con desesperación.

Me salí del automóvil y traté de consolarlos. No sabía qué decir. Sentía que mi estómago se revolcaba. Tapé mi boca con mi mano derecha para evitar que saliera el vómito que subía y bajaba por mi garganta. Me senté unos segundos en el asiento del pasajero. Traté de respirar. Cerré mis ojos y bajé la cabeza. Mi inhalación era cada vez más fuerte. Suavemente dejé caer las lágrimas de mis ojos. Me tapé la cara con ambas manos y empecé a llorar como una niña desconsolada. Los hermanos se abrazaban fuertemente. Los gemidos de su sufrimiento provocaban dolor hasta en mis pulmones.

Mi cuñada se alteró demasiado. Cayó al piso mientras se lamentaba. En voz alta ella le reclamó a Dios y le exigió una explicación. Ella quería saber por qué Dios se había llevado a su padre. Sus gritos provocaron que todo el que la escuchó reconociera el dolor, la desesperación, la decepción y la frustración que la estremecía.

Fidel intentó ser fuerte. Aunque también lloró, se esforzó por tranquilizar a su hermana. La abrazó y trató de calmarla. Aun así ella intentó hacer movimientos bruscos para salirse de los brazos de su hermano. Empezó a fatigarse y a sudar. Gritó como si la estuvieran torturando.

Mi suegro fue un hombre que siempre cuidó su salud. Era muy puntual con sus citas médicas y llevó una alimentación sana. La realidad era que ninguno de nosotros entendió su repentina muerte.

A pesar de su divorcio, mantuvo una relación cercana con sus dos hijos. Se encargó de guiarlos con buenos consejos. Fue un padre sumamente amoroso. Aunque su agenda estuviera cargada de trabajo, nunca faltó a un cumpleaños o a una actividad de importancia para sus hijos. En fin, fue un padre extraordinario.

Fidel me pidió que me encargara de llamar a los miembros más cercanos de la familia. Ya todos sabían lo que había pasado con mi suegro. No obstante, guardaban la esperanza de su recuperación. El cuadro clínico se complicó por el retraso entre el momento en que la ambulancia llegó a la casa de mi suegro hasta que recibió tratamiento en el hospital. Como consecuencia, perdió la vida. Para mí fue difícil dar la noticia. Mi voz entrecortada se encargó de explicar el suceso.

Tras la pérdida de su papá, mi esposo se refugió en el trabajo. Pasó muchas horas fuera de la casa. Aunque escribió un borrador, mi suegro nunca firmó su testamento. Como consecuencia, hubo una negociación entre Fidel, su hermana y su madrastra. A pesar de que los tres llegaron a un acuerdo final, la relación entre él y estas dos mujeres se desvaneció. De su herencia, le dio un porcentaje a su mamá para ayudarla con sus gastos personales.

Por mi mente pasaron muchos temores e inseguridades. Temí por el futuro. En gran parte, nuestra estabilidad económica era un reflejo de la astucia de mi suegro. Su muerte fue desprevenida, los negocios enfrentaban una crisis económica y yo estaba desempleada. Me aterró imaginar que no pudiéramos cubrir los gastos del mes. Reconozco que, en muchas ocasiones, sentí coraje con Dios. No entendí el propósito de la muerte de mi suegro.

Un mes luego de su velorio recibí un correo electrónico de mi cuñada. Desde que vi su nombre supe que había cometido un error. La hermana de mi esposo se hospedó con nosotros durante los servicios fúnebres de su padre. Como ella y mi suegra vivían lejos, alquilé una cama para que cada una durmiera cómoda junto a sus respectivas parejas. A mi sobrina la acomodé en un inflable que mi mamá me prestó.

En la carta que mi cuñada me escribió, me expresó que ella deseaba tener una buena relación conmigo y que necesitaba comunicarme que se estaba sintiendo muy triste luego de lo que sucedió con su papá. Las primeras tres oraciones me sorprendieron y me conmovieron. En la cuarta, me bajé de la nube. Según ella, yo no tuve delicadeza en el trato que recibió su hija por parte mía. Señaló que, en una ocasión, la niña agarró un regalo que Fidel me compró y que le molestó la forma en la que arrebaté el objeto de las manos de su hija. A ella le ofendió que, en ese momento, yo hablaba en voz baja con alguien por el teléfono y me señaló que eso fue irrespetuoso de mi parte. Para terminar me pidió que cuidara mis palabras en las redes sociales ya que le habían llegado rumores de que yo me expresaba mal de ella y de su familia en mis estatus. Firmó su carta con un versículo que hablaba de Dios.

Respiré hondo antes de contestarle. Mi intención nunca fue hacerla sentir de esa manera. Me disculpé, una vez más, por el error que cometí. Le aclaré que, durante su estadía, estuve muy estresada por todo lo que ocurrió con mi suegro. No amplié mucho en el tema porque estaba segura de que yo no había hecho algo malo intencionalmente. Le dejé saber a mi esposo sobre el correo electrónico. También le aseguré que jamás volvería a pasar una noche bajo el mismo techo de su hermana. Me molestó la indiferencia de Fidel ante el atrevimiento de mi cuñada. Encontramos un motivo más para discutir.

Cuando decidí perdonar a mi cuñada, a mi suegra y a mi suegrastra, me propuse olvidar. Fue un reto. Tras la muerte de mi suegro, le pedí a mi suegrastra que se distanciara de mí. A pesar de que me identifiqué mucho con ella, la experiencia me decía que nuestra relación era sinónimo de altercados con mi suegra y mi cuñada. Me dolió mucho pedirle que no me volviera a buscar. A pesar de todo, la admiré, la respeté y la quise como una amiga.

VOLVER AL PASADO

Aquella noche en la que Fidel me pidió que lo perdonara, me quedé muda por cinco minutos. Los tucos de su barba y su cabello alborotado reflejaban su arrepentimiento. Pensó que nuestra relación había llegado a su final. Colocó los codos sobre la mesa, cerró los ojos y haló los pelos de su cabeza. Admitió que se dejó llevar por las emociones y me garantizó que estaba dispuesto a hacerme feliz. Me dijo que yo era la mujer de su vida y me repitió que todavía me amaba. Se sentó a mi lado, echó su brazo izquierdo sobre mis hombros y me inclinó hacia su torso. Puso su mano derecha en mi mejilla y besó mi frente. Lo miré y le confesé que también lo amaba y que lo extrañaba. Tuve mi beso de Hollywood cuando lentamente se acercó a mí, abrió sus labios y con su lengua exploró la mía.

Mientras nos besábamos, le agradecí a Dios por ese momento. Cuando terminamos ese apasionado encuentro público le pedí perdón por mis errores. Él se sonrió y con una voz dulce me susurró que ya me había perdonado.

"En todo matrimonio que ha durado
más de una semana existen motivos para el divorcio.
La clave consiste en encontrar siempre motivos para el matrimonio".
-Robert Anderson

V

RETOS DEL MATRIMONIO

TRAICIONADA POR LA PERFECCION

Los cuatro años que dediqué al cuidado de la casa me frustraron. Mi vida como ama de casa carecía de *glamour*. Me levantaba en las mañanas para preparar el desayuno de mi esposo. A él lo despertaba con una taza de café que le llevaba a la cama. Mientras Fidel se preparaba para su jornada laboral, yo cocinaba y organizaba la mesa. Encima de un mantel colocaba su plato lleno de comida. A la derecha ubicaba sus utensilios sobre un papel toalla y, a su izquierda, el periódico. Esa era mi parte favorita del día.

Como pasaba tanto tiempo a solas, descuidé mi cuidado personal. Dejé de maquillarme y de vestirme bonita. Podía pasar todo el día en ropa de dormir y no me importaba. Cuando Fidel se iba a trabajar, yo limpiaba la cocina, vestía la cama, lavaba, doblaba, planchaba y guardaba la ropa. Tenía días buenos en los que aprovechaba para hacer compras pero, la mayoría de las veces, me sentía aislada. Como me gustaba cocinar, empecé a practicar nuevas recetas. A diario sorprendía a mi esposo con un menú diferente. La comida recalentada no era una alternativa en mi hogar.

En ocasiones, Fidel llegaba muy cariñoso de su trabajo. Él se convirtió en mi premio del día. No obstante, había días en los que el estrés lo convertían en un hombre antipático, malhumorado, insoportable y desagradable. Cuando llegaba del trabajo, la cena ya estaba servida. Yo estaba lista para ayudarlo a desvestirse. Automáticamente le quitaba sus zapatos, calcetines, pantalones y camisa. Lo revestía con ropa cómoda y le preparaba su baño con agua caliente. Muchas veces él hablaba por teléfono mientras yo hacía todo eso. Aunque me incomodaba, no me molestaba. Lo acepté como parte de mis funciones. Me honraba recibirlo y servirle. Además, fui sorprendida en diferentes momentos con flores y chocolates que me llenaban de felicidad.

Muchos días, el sol fue mi única conexión con el mundo. Mi apartamento siempre estaba inmaculado. Me obsesioné con mantenerlo impecable. Mi esposo no tenía necesidad de hacer nada. Hasta la basura yo botaba. Quise ser el ama de casa perfecta. Me concentré en complacer a Fidel en todo.

Para evitar el aburrimiento, invertí mucho tiempo frente al televisor y enredada en las redes sociales cibernéticas. Me aprendí la programación completa de mis canales favoritos y algunos chismes de la vida de mis amigos. También aumenté más de veinte libras. Como consecuencia, empecé a evadir salir de mis cuatro paredes. Lo hacía solamente cuando era necesario ir a una actividad familiar. Como Fidel siempre fue un hombre muy activo, una vez en semana íbamos al cine. Empecé a sustituir mis meriendas de proteína por las palomitas de maíz, el chocolate y los nachos con queso. Descuidé por completo mis hábitos alimenticios.

No todo fue malo. Esos años que trabajé como ama de casa los aprovechamos para hacer varios viajes turísticos como pareja. Aun así, yo no sentía que era lo más importante en la vida de mi esposo a pesar de que él se convirtió en mi mundo. Los conflictos de convivencia, nuestras diferentes personalidades y la influencia de los comentarios negativos generados por su familia, amenazaron en varias ocasiones con destruir nuestra relación. Me sentía desprotegida y desmotivada cuando se trataba de fomentar una unión entre nosotros dos. Me afligía suponer que, para él, mi lugar era secundario.

Aunque tuviéramos diferencias, Fidel era un hombre humilde, sociable, sensible, honesto, detallista, amoroso y respetuoso. Me ayudaba cuando lo necesitaba, tenía una excelente relación con mi familia, era puntual, en fin, ¡era mi hombre ideal!

A pesar de que Fidel era mi media naranja, no fue suficiente para que yo me sintiera satisfecha dentro de mi relación matrimonial. Cuando me casé, pensé que ese era el inicio para tener una vida perfecta. Mis expectativas no se estaban cumpliendo. Parte de lo que yo deseaba era tener una relación genuina con su familia. Para mí era imprescindible sentirme amada y aceptada por ellos. En el fondo de mi corazón, sabía que no quería repetir la historia de mi madre con su suegra. No contar con el apoyo y el amor de mi familia política afectó mucho mis sentimientos y mi autoestima.

LA OTRA

Yo sé que para Fidel fue difícil entender mis sentimientos cuando se trataba de su familia porque él no tuvo ese problema con la mía. Conoció a mis padres cuando llevábamos un mes de relación. Mi mamá me ayudó a prepararle una cena. Invitó a mi abuela, a mis tías y a mis primos. Mi novio fue recibido como un rey. Fue el homenajeado de la noche. Eso me puso un poco nerviosa. No quería que él pensara que yo estaba desesperada por tener un novio.

Recuerdo que uno de mis primos le advirtió a Fidel sobre mi madre. Le dejó saber que, cuando se lo proponía, ella era el ogro de la familia. Él no se dejó intimidar. Siempre tuvo la certeza de que, con el tiempo, la domaría. Entre mi mamá y Fidel hubo una relación amistosa desde el principio. Cuando yo vivía con ella, él se sentía en la libertad de llamarla y preguntarle si había cocinado. Ella lo aceptó como un hijo desde que lo conoció y compartían aunque yo no estuviera presente.

Un mes antes de nuestra boda, mientras yo trabajaba, Fidel visitó a mis padres. Les informó sobre su interés de contraer nupcias conmigo. Mis padres se impresionaron. No imaginaron que él me fuera a proponer matrimonio tan rápido. Hasta cierto punto trataron de convencerlo de que estaba cometiendo un error. Según ellos, su decisión fue imprevista y precipitada. Lo único que mi papá le preguntó fue cuán seguro estaba él de que yo le iba a decir que sí. Su nerviosismo fue evidente. Su respuesta afirmativa lo hizo merecedor de la bendición de mis padres. Mi madre lo abrazó y le deseó lo mejor. Esa noche ellos tres celebraron con una cena preparada por mi madre. Mi papá brindó con su botella favorita de vino barato.

Luego de mi boda, mi mamá empezó a llamar a Fidel casi a diario para saludarlo. Muchas veces él y yo salíamos de trabajar para ir a cenar con ella en su casa. Mi madre hizo de todo para crear un vínculo con él. Se las ingenió para compartir con él y conocerlo mejor como persona. Mi mamá se ganó el cariño de Fidel porque ella lo trató con respeto desde el principio. Mi esposo sabía que, si en algún momento diferían en opiniones, a la palabra de ella le sobraba credibilidad.

Entre ellos dos existió un trato amable y transparente en todo momento. Hasta cierto punto para mí no fue conveniente esta amistad entre ellos dos porque, si mi esposo y yo discutíamos, mi madre era muy objetiva y hacía muy bien el papel de abogada del enemigo (o sea, de él).

La confianza entre mi mamá y Fidel llegó al punto de que él disfrutaba de su presencia. Si yo deseaba hablar algo privado con ella, tenía que aprovechar cuando él no estaba. Él encontró en ella un apoyo, una amiga, otra madre.

Con mis tías no hubo excepción. Fidel gozaba en las reuniones de mi familia. El alboroto, la comida y la compenetración que existía entre nosotros lo hacían sentir parte del grupo. La relación de mi esposo con mis primos generaba un ambiente agradable en el que cada uno podía exponer su punto de vista sin necesidad de menospreciar la opinión ajena.

A pesar de que me daba felicidad saber que contábamos con el apoyo de mi familia, reconocer que no era lo mismo con la de mi esposo me agobiaba. Ambos grupos eran tan diferentes que evitábamos reunirlos a todos en un mismo lugar. En días festivos, por lo general, le dábamos prioridad a la familia de Fidel para evitar comentarios que nos hicieran sentir presionados.

A mi suegra le enojaba mucho saber el tipo de relación que su hijo mantenía con mi madre. Según ella, yo nunca le di la oportunidad de entablar una amistad conmigo. Esa expresión era mitad verdad y, en parte, era mentira. En diversas ocasiones sostuve conversaciones con ella que, luego, le contaba a mi esposo y a otras personas. Nunca percibí que tuviera interés de relacionarse conmigo por quien yo era o por lo que yo representaba en la vida de su hijo. Enterarme por Fidel que él estaba al tanto de las pláticas que yo sostenía con su madre, me hacía sentir usada. Pensaba que nuestras conversaciones eran confidenciales. Para mí era como si ella le quería demostrar a su hijo todo el esfuerzo que hacía por llevarse bien conmigo. No noté un interés genuino en mí.

Tal vez cometí el error de compararla con mi mamá. Me hubiera gustado que mi suegra tuviera conmigo esos detalles que mi madre tenía con Fidel, de los cuales ella estaba al tanto. Fueron muchas las veces que mami se encargó de complacer caprichos de mi esposo tales como prepararle su comida favorita, postres y engreírlo con regalos. Cada vez que visité a mi suegra me encargué de llevarle un obsequio que le demostrara que yo pensaba en ella. Frecuentemente la llamaba y le entregaba postales en las que le decía cuánto apreciaba y valoraba la manera en la que crió a su hijo. Le dejé saber que la quería, que era una excelente mujer y una suegra excepcional. Muchas veces halagué su cabello y su vestimenta. A pesar de que en algunas ocasiones fui hipócrita, lo hacía con el fin de crear un lazo afectivo con ella. Sin embargo, de su boca nunca escuché un comentario positivo sobre mi persona. Lo único que ella sabía decir era que me quería. Yo no lo creía. Nunca percibí que la madre de mi esposo tuviera la capacidad de ver lo mejor de mí.

Empecé a sentir celos. Me incomodaba que Fidel compartiera con la mujer que le dio la vida y con la hermana que lo vio crecer. Yo sabía que cuando ellos tres compartían a solas, ellas lo bombardeaban con comentarios negativos que lo hacían sentir culpable. Procuraban por todos los medios posibles que él hiciera lo que ellas deseaban. Le cuestionaban sobre sus gastos, los regalos que me hacía y el estilo de vida que llevábamos. No importaba lo que Fidel contestara, ellas eran víctimas de las circunstancias: sufrían todo el tiempo y se quejaban constantemente de su mala situación económica. Ambas hacían lo mismo con mi suegro cuando estaba vivo. A diferencia del señor, mi esposo presentaba oposición. Si no lograban conmoverlo, ellas lloraban, lo amenazaban, le pedían compasión y luego lo castigaban evitando cualquier tipo de comunicación con él. Como consecuencia, Fidel pensaba que era el responsable de los problemas, se desquitaba conmigo y terminábamos peleando.

RETOMANDO MI VIDA

Definitivamente el día que Fidel me pidió que nos divorciáramos me obligó a recapacitar. Estuve tanto tiempo deseando agradarle a los demás que descuidé lo que realmente merecía atención: mi matrimonio. Aplicar los pasos recomendados en el programa de las *Histéricas Manifestadas* me enseñó a reubicar el orden de prioridad en mi vida.

A pesar de que tenía mis días malos, aprendí a mantener una actitud positiva. Me ayudó mucho escribir una lista de declaraciones positivas. Si me sentía ansiosa, repetía las afirmaciones diarias que llevaba conmigo a todas partes. Retomé actividades extracurriculares que liberaron mi estrés. Fui contratada para trabajar en un banco, conocí nuevas personas y me involucré en proyectos que me enamoraron más de mis responsabilidades profesionales. Aproveché ese tiempo para bajar de peso y retomé hábitos que había perdido tales como leer, salir con mis amigas y comprarme obsequios. Todas estas actividades me permitieron crear consciencia de que la persona más importante del mundo soy yo. Entendí que nadie va a amarme como yo misma y que la única opinión que debe importarme es la que tengo yo sobre mí.

Aunque nunca perdí la comunicación con Fidel, me hacía falta la calidez de su cuerpo sobre el mío. Nuestras conversaciones eran limitadas y deseaba sentir esa conexión personal con él. Aquella noche en la que nos reconciliamos cambió mi matrimonio para siempre. En mis reuniones con las *Histéricas* redescubrí mi identidad y había llegado el momento de recuperar lo que me faltaba: el amor de mi esposo.

En nuestra conversación, Fidel me contó que por mucho tiempo sintió que él no era lo suficiente hombre para mí. En ese momento comprendí que los conflictos familiares lastimaron su ego tanto como al mío. Él me explicó que constantemente sentía que tenía que escoger entre su familia o yo. A pesar de que él sabía que deseaba pasar el resto de su vida conmigo, no podía ignorar que sus padres se divorciaron varios años después de su boda. Desde que se casó conmigo, la posibilidad de una separación definitiva atormentaba su mente.

Me confesó que, aunque todavía vivíamos juntos, extrañó los detalles que yo tenía con él. Recordó que, cuando me conoció, él estaba saliendo con otras mujeres. Fidel aprovechó algunas de sus noches de trabajo nocturno para cortejarlas y llevarlas a la cama. Conmigo fue diferente. Yo le demostré que el sexo se ganaba, no se regalaba. Admitió que supo que yo era la mujer de su vida en nuestra primera fiesta del día de los enamorados. Me reí al recordar el suceso.

Luego de que Fidel me confesó que estaba enamorado de mí, me dio una copia de la llave de su apartamento de soltero. Planifiqué con mi mejor amiga prepararle una pasta y decorar el lugar. Ella me ayudó en todo. Tan pronto me cercioré que estaba trabajando, invadí su territorio. Coloqué globos por todas partes. El área era pequeña, con pocos muebles y accesorios. Fue fácil ambientarlo a pesar de que el proyecto tomó varias horas. La escenografía no fue lo que llamó su atención.

Temprano en la mañana de ese día empecé a sentirme enferma. Me levanté con congestión nasal, dolor de garganta, escalofríos, tos y dolor de cabeza. A pesar de que compré un vestido blanco y provocativo, cuando él llegó en la noche lo recibí con una camisa de manga larga, roja, y reciclada. Mi *jean* era ancho, de corte masculino y cintura baja. Aunque mis sandalias lucían muy femeninas, eran de cuero y de suela flexible. Esta fue la primera vez que me vio enferma y sin maquillaje. Traté de disimularlo con mi larga cabellera pero, a las nueve de la noche, ya era evidente que mi sistema inmunológico no estaba funcionando. Luego de mostrarle mi sorpresa, cenamos bajo la luz de las velas. Esa noche no hicimos el amor.

Recordar este suceso abrió un espacio en la conversación para que habláramos sobre lo que deseábamos mejorar en nuestra relación. En mi mente recapitulé el tercer día de mi sesión con las histéricas. En esa mañana la *coach* habló sobre la importancia del respeto. Explicó que se trataba de conocer el valor propio sin restarles importancia a los demás. Fidel me permitió expresar mis pensamientos antes que él. Sin enojarme, y sin levantar mi tono de voz, le pedí que me permitiera un espacio lejos de su familia; en especial de su madre y su hermana. Aunque ya no guardaba resentimiento, necesitaba disfrutar de mi matrimonio sin sentir la presión de estar rodeada por estas mujeres tóxicas.

Mi esposo accedió a mi petición y se comprometió a evadir discusiones relacionadas con terceras personas. Aprovechó su turno para expresarme una preocupación que lo inquietó por mucho tiempo. Lo escuché detenidamente. Con una risa de nervios me dejó saber que el tema era un poco incómodo y me invitó a beber una copa de vino. Me aclaró que no deseaba hacerme sentir mal pero que él tenía la certeza de que era el momento de yo saber la verdad. Disimulé mis nervios atragantándome el alcohol que ya estaba sobre la mesa. Así fue como me enteré que, en la cama, yo era una floja.

A pesar de que Fidel seleccionó muy bien su expresión verbal, yo reconocí que él tenía razón en lo que decía. Todavía no sé por qué me causaba tanto asco brindarle sexo oral. Tal vez el motivo se relacionaba con el modo en el que fui criada. Mis padres nunca me hablaron de este tema y me daba miedo contraer una enfermedad de trasmisión sexual o quedar embarazada. Mi grupo de instructores estuvo compuesto por mis dos desastrosas relaciones anteriores, unos cuantos flirteos y las conversaciones en las que mis amigas me confesaban sus aventuras eróticas.

En la intimidad, si mi esposo intentaba acercar su boca a mis labios inferiores, me reía. Si se movía mucho, me quejaba del dolor.

No me gustaba experimentar posiciones nuevas. Me incomodaba la luz prendida, tocarme o acariciarme. Tampoco usaba juguetes para avivar la pasión. Fidel me suplicó que no reprimiera más mis instintos sexuales con él.

Fue incómodo escuchar a Fidel hablar así de mí, pero yo sabía que él era sincero con sus palabras. Además, aunque él me satisfacía, yo ansiaba atreverme a hacer todo lo que él me pedía. Había llegado el momento de transformar mi vida íntima con este hombre que tanto amaba. Accedí a complacerlo siempre y cuando me sintiera cómoda con lo que él propusiera. Esa noche celebramos nuestra reunión sentimental. La disfruté más que mi primera vez como su esposa.

Cuando llegamos a nuestra morada de amor, prendí música. Le ofrecí una cerveza mientras esperaba. Intenté entregársela en sus manos, pero tropecé y la derramé sobre su ropa. Instintivamente me arrodillé para secar con un papel toalla las áreas que había mojado. Empecé por el piso. Al terminar me percaté de que su pantalón estaba empapado. Aproveché que limpiaba el área de sus muslos para acariciar su potente órgano. Me levanté y empecé a besarlo. Mientras introducía mi lengua en su boca, metí mi mano derecha en su calzoncillo. Agarré su pene. Estaba tibio y húmedo. Lo halé al ritmo lento y sincronizado del R&B.

Lentamente, Fidel me despojó de toda la ropa y se desvistió por completo. Mi corazón latía con rapidez mientras él besaba mis mejillas y acariciaba mis senos. Mientras tanto, yo jugaba con su erección y disfrutaba el olor de su perfume. Me excitó muchísimo sentir el movimiento de sus dedos adentro de mí. Empecé a mojarme incontrolablemente. Fue entonces cuando me arrodillé y puse mis labios sobre su pene. Por un segundo sentí miedo y asco pero me dejé llevar por el ritmo de la música. Los gestos de su cara me demostraban que estaba haciendo un buen trabajo con la lengua. Su enorme equipo me ahogaba y se clavaba ansioso en mi garganta, sin embargo, yo lo disfrutaba. De momento me levantó y me recostó sobre las sábanas grises de nuestra cama. Dirigió su cara hacia mis piernas, las abrió, encontró mi clítoris y lamió mi vulva. Lo único que yo quería era que no terminara. Luego de asegurarse de que yo estaba lubricada, me colocó boca abajo. Me regaló una sonrisa dulce y sensual mientras me penetraba. Lo hizo con mucho cuidado, despacio. Sentir su cuerpo sobre el mío estimuló mi libido.

De repente un placer intenso descontroló mi cuerpo. Un maremoto de contracciones seguidas por una sensación de satisfacción y de sosiego me hizo gemir como nunca. Fue un placer recordar cómo Fidel lograba complacerme, en todo el sentido de la palabra.

> *"El éxito no se logra sólo con cualidades especiales.*
> *Es un trabajo de constancia, de método y de organización."*
> *-J.P. Sergent*

VI

HOGAR ARMONIOSO

ENTENDIIENTO Y NEGOCIACIÓN

Mi reconciliación con Fidel fue muy emocionante. Reconocer mi valor como mujer me llenó de gozo y satisfacción. Aceptar mi imperfección me permitió entender que los que hablaban mal de mí, realmente se hacían daño a ellos mismos. A pesar de nuestra felicidad, era evidente la tensión que esto provocaba en mi suegra. No obstante, compartir mi alegría con el hombre que amaba me hacía sentir completa.

Las *Histéricas Manifestadas* me enseñaron que el éxito en una relación se basaba, en gran parte, en la negociación. Jamás imaginé que había llegado el momento de aplicar todos mis conocimientos teóricos en la vida cotidiana. Mi esposo se enfocó mucho en la parte física y sexual de nuestra relación. Para él era importante sentir que él era el hombre de mi vida y la autoridad en el hogar. Yo no estaba dispuesta a perder mi identidad. Mi estilo de vida cambió radicalmente cuando regresé a trabajar y no quería poner en riesgo todo lo que había ganado.

Aunque estaba consciente de que estábamos entrando en una nueva etapa de aceptación y adaptación, mi interés principal era mantener mi pensamiento crítico. Luego de varias horas de diálogo, ambos creamos un plan en el que planteamos nuestras necesidades personales. Hicimos una tabla con la distribución de labores domésticas. Empezamos a comportarnos como un equipo.

Distribuir correctamente el tiempo provocó que ambos reconociéramos y respetáramos nuestro espacio individual y de pareja. Como nuestras responsabilidades de trabajo no nos permitían cenar juntos todos los días, para nosotros fue vital fijar una hora en la noche en la que nos encontrábamos en la cama, aseados, para hablar y ver televisión.

Este proceso nos ayudó a crear límites en nuestro matrimonio y en nuestras relaciones con los demás. Organizar una agenda escrita semanal, nos proporcionó un orden de prioridades en nuestras vidas.

Aplicar los cuatro pasos que aprendí en el grupo de *Histéricas Manifestadas* me demostró que mis necesidades no necesariamente son las mismas que las de mi esposo.

MUJER DESTRONADA

Aunque mi suegra nunca expresó verbalmente la frustración que le causó la reconciliación de su hijo conmigo, su actitud con nosotros cambió. Noté que ella empezó a distanciarse. En diferentes ocasiones supe que Fidel y su madre discutían porque él acordaba encontrarse con ella para cenar o tomar un café y luego a él se le olvidaba. Mi cuñada aprovechó varias oportunidades para regañarlo por haber dejado plantada a su madre. La situación causó entre ellos, una relación de rivalidad y enojo.

Pensé que lo mejor era hablar con mi suegra e intervenir por mi esposo. Una mañana de otoño agarré el teléfono y la llamé a su negocio. La boca se me secó por completo tan pronto escuché el sonido del timbre. A mi suegra le sorprendió escuchar mi voz. Le expresé mis deseos de hablar con ella y le pedí que nos encontráramos en un punto medio. Ella sugirió un parque que quedaba muy cerca de su negocio. Propuso que nos viéramos en la mañana para que nuestra cita no interfiriera con su horario de trabajo.

Estuve varios días ensayando mis argumentos. Hice una lista de todo lo que deseaba dejarle saber. Fidel estaba muy contento. Él pensó que fue una excelente idea que ambas pudiéramos hablar con honestidad sobre nuestros sentimientos.

Llegué al parque con la puntualidad que me caracterizaba. Dos minutos después observé su vehículo. Mi corazón empezó a palpitar con velocidad. Disimulé mis nervios tomando un café que había comprado antes de llegar al lugar.

Mi suegra me saludó con su acostumbrada sonrisa a medias y con un abrazo. Yo le correspondí de la misma manera. Para romper el hielo empecé el diálogo agradeciéndole que aceptó mi invitación.

Ella se limitó a sonreír. Le expliqué mi preocupación ante las diferentes discusiones que ella había tenido con su hijo. Le recordé que, desde la muerte de su padre, Fidel estaba cargado con las presiones de los negocios.

Le conté que, en varias oportunidades, yo había intervenido porque no estaba de acuerdo con que él olvidara una cita con su mamá. Le dejé saber que yo apoyaba que ellos dos compartieran juntos, a solas. Le pedí que me perdonara si en algún momento yo la había ofendido. Me mantuve firme en que lo único que yo deseaba era que la familia permaneciera unida. Afirmé que mi intención jamás había sido faltarle el respeto adrede. Mi suegra sólo escuchaba mi monólogo.

Cuando me percaté de que mis palabras no lograban conmoverla, le propuse que me llamara cada vez que ella deseara compartir con nosotros. Le garanticé que haría cualquier tipo de arreglo para involucrarla más en nuestras vidas. Le hablé de mi programa de *coaching* y la exhorté a que lo practicara conmigo. Mi deseo era que encontráramos un punto medio que beneficiara ambas partes.

Casi al principio de mi discurso, mi suegra invadió la conversación con su llanto. Al terminar de hablar, ella aceptó mis disculpas. Inmediatamente usó ese momento para mencionar diferentes versos bíblicos en los que Dios condena el orgullo, el egoísmo, la codicia, el resentimiento y al hijo que no honra a su padre y a su madre. Honestamente, pensé que había perdido mi tiempo.

La señora me recordó, una vez más, que ella era la madre de mi esposo. Me reclamó que yo nunca le había demostrado que la amaba. Aproveché esa oportunidad para aclararle que yo no podía sentir amor por una persona que constantemente me juzgaba y me atacaba con sus palabras. Ella se ofendió. Aumentó su lloriqueo. Traté de convencerla de que yo la apreciaba y respetaba por ser la madre de mi esposo. Mi persuasión fracasó cuando le propuse que trabajáramos juntas un plan de acción para mejorar nuestra relación.

Mi suegra me aclaró que ella no había cometido un error. De lo único que ella estaba segura era de que yo tenía muchas ideas falsas sobre ella en mi cabeza. Mientras se levantó de la silla, sarcásticamente mencionó que la que estaba recibiendo ayuda profesional era yo y no ella. Me recordó que su relación con Fidel empeoró el día que yo llegué a su vida. Me responsabilizó de ser la persona que más sufrimiento había causado en su vida y en la de mi cuñada.

Antes de irse me dejó saber que yo no la intimidaba. Ella estaba clara. Su hijo solamente iba a tener una madre y una hermana en su vida. Sin embargo, mi matrimonio estaba destinado al fracaso. Todo era cuestión de tiempo.

MI DECISIÓN

Esta vez fue diferente. No me sentí herida ni aludida con sus palabras. Yo tenía la certeza de que nunca quise separarla de su hijo. Ella tomó la decisión de tratarme como una usurpadora y de ver en mí una enemiga.

Sonreí. Me hice dueña de mis sentimientos, elecciones y conductas. Dejé de sentirme culpable por no ser la mujer que ella deseaba que yo fuera. Al ser honesta con ella, fijé mis límites y asumí responsabilidad de mis acciones.

Descubrir mi valor como mujer me enseñó cuándo decir "sí" y cómo decir que "no". Educar mis pensamientos para transformarlos en positivos me hizo más fuerte. Cambiar mi vocabulario para decir solamente lo agradable, me hizo segura. Nuevamente tenía el control de mi vida.

SEGUNDA PARTE: TRANSFORMACIÓN

"Mi felicidad consiste en que sé apreciar lo que tengo y no deseo con exceso lo que no tengo".
-Leon Tolstoi

VII

CELEBRA TU FELICIDAD

En el rodaje de la narración de tu vida, tú decides cómo será el final de tu película. El tiempo, las experiencias y el amor te obligan a reír, llorar, hablar, gritar, vivir. Cada día tiene su inicio, su historia y su final. La trayectoria de tu vida es un camino lleno de rosas con espinas. Disfruta de su suave aroma y llora cuando las espinas te hieran.

Aprende a reconocer en qué momento debes dejar de ver tu realidad para ponerte en el lugar de la otra persona y conocer lo que verdaderamente ocurre a tu alrededor. Cree que Dios te rodeará siempre de oportunidades que te van a ayudar a reconocer tus defectos y a identificar lo mejor de tu persona.

No permitas que la baja autoestima, el orgullo, la soberbia y el ego te hagan caer en la trampa de que sólo puedes ser feliz cuando las cosas se hacen a tu manera y que puedes llenar tu vacío con bienes materiales o superficiales.

Busca tu propósito. ¡Encuentra tu felicidad! Aférrate a la idea de alimentar constantemente tu autoestima. Esfuérzate por mejorar tu comunicación con Dios. Trata a los demás como deseas ser tratada. Organiza tu tiempo. Abre espacio en tu vida sólo para lo que haga crecer tu individualidad. Persigue tus sueños. Lo que hagas con empeño y esfuerzo perdurará para siempre.

Construye el hogar que te mereces. Disfruta de la compañía de tus seres más amados. Guarda tiempo para ayudar a personas que necesiten de ti. Contribuye en el mejoramiento de nuestra sociedad.

Cuando tu mente trate de engañarte y sientas que el camino de rosas en realidad es uno de rocas, descansa. Mañana será otro día. Es necesario que pases por experiencias que cambiarán tu carácter, tu comportamiento y tu visión del mundo. Al final, cuando hayas vencido, la más beneficiada eres tú. Aumentarás tu positivismo, desarrollarás nuevas destrezas y solidificarás tu relación con Dios. Todo es parte de tu superación personal. Sólo así adquirirás una mentalidad ganadora.

Aprecia la vida por lo que te ofrece. Agradece todo lo que está por venir. Disfruta tu momento contigo, con la naturaleza, con tu trabajo, con tu pareja, con tus hijos, con tu familia, con tu espiritualidad y con tu felicidad.

Piensa que Dios siempre está contigo y por eso todo obra a tu favor. Él te dará la prudencia y la fortaleza que necesitas durante todo este proceso. Tu actitud optimista abrirá puertas que desconoces que existen. Los demás no definen el amor que tiene Dios por ti y mucho menos quién eres y a dónde vas.

Mira el mundo con ojos de amor. Declara que hoy eres una mujer más paciente, comprensiva y dulce. Aprende a ver por encima de las apariencias. Las calumnias no pueden ser parte de lo que dices ni de lo que escuchas. Esfuérzate a diario por tener un espíritu alegre. Procura que los demás vean en ti, una mujer de Dios.

Lo más difícil de esta trayectoria va a ser perdonar a esas personas que te han lastimado constantemente. El tiempo te demostrará que es necesario estar dispuesta a dar nuevas oportunidades. Confía en que Dios, tus dones y tu belleza interior te ayudarán a sanar esas heridas.

Recuerda constantemente que es un honor y un privilegio ser la mujer que miras en el espejo todas las mañanas. Definitivamente has cambiado. Ya no vas a tener miedo a defender tu verdad. Conoces tus límites. Lo más importante es que ya sabes quién eres y hacia donde te diriges. Tu vida tiene sentido. Tú eres parte de un plan divino.

En tu película han pasado una diversidad de personajes: amigos, enemigos y maestros de la vida. Ahora sabes muchas cosas que no sabías antes. Valoras lo que antes no tenía sentido. Hoy tienes el poder de tomar tus propias decisiones. Vives. Sientes. Lloras. Gozas. Amas. Te aman.

"No basta saber, se debe también aplicar. No es suficiente querer, se debe también hacer."
-Goethe

VIII

TRANSFÓRMATE

La siguiente guía de ejercicios te encaminará a descubrir tu felicidad a pesar de las circunstancias que estés viviendo en estos momentos. Disfruta el proceso y aprende a amar tu imperfección. Encuentra cómo ser feliz en tu propia piel. Enfrenta con orgullo y seguridad los retos que se presenten día a día. Respeta la opinión de los demás sin olvidar la más importante: la tuya. Enfócate en lo que realmente es importante para ti y tu núcleo familiar.

A partir de ahora, el control de tu vida es tuyo. Vístete de seguridad y de buena actitud. Acondiciona tu forma de pensar. Crea tu estilo. Derriba las barreras que impiden tu felicidad, prosperidad y satisfacción personal. Manifiéstate como una líder. Desarrolla tus fortalezas. Sácale provecho a lo que te apasiona. Rodéate de positivismo. Aporta al mundo. Es simple: Sólo sé tú misma.

DIA #1

CREA TU IDENTIDAD PERSONAL

1. Para empezar, haz una lista de todas tus habilidades y cualidades. Todo lo que te distingue de los demás te hace única. Este es tu momento para presumir de cada una de tus virtudes. Jamás subestimes aquello que sabes hacer, por más simple que parezca. Piensa y escribe un mínimo de 10 respuestas.

   a)
   b)
   c)
   d)
   e)
   f)
   g)
   h)
   i)
   j)

2. Menciona los defectos más notables que tienes. Al lado de cada defecto contesta la siguiente pregunta: ¿Qué puedes hacer para mejorar?

   a)
   b)
   c)
   d)

3. Haz un resumen de tu vida y contesta la siguiente pregunta: ¿Qué has aprendido de tus experiencias?

   _____
   _____
   _____
   _____
   _____
   _____

4. **Establece tu misión.** Antes de escribir tu propósito en la vida, medita. La misión es tu razón de ser para darle sentido a tu propia existencia. Haz una retrospección de tu vida y piensa en todos esos deseos que has tenido siempre en tu corazón. Escribe todo lo que siempre has querido hacer, así sea ser famosa y millonaria.

_____

_____

_____

_____

_____

_____

5. Una vez hayas terminado la lista anterior, contesta las siguientes preguntas:

a) ¿qué tienen todas en común?

_____

_____

_____

_____

_____

b) ¿en qué trabajarías aunque no te pagaran?

_____

_____

_____

_____

_____

c) ¿qué hábitos debes desarrollar para ser exitosa en esto?

_____

_____

_____

_____

_____

_____

d) ¿Qué puedes hacer para ayudar a los demás?

_____

_____

_____

_____

_____

_____

e) Redacta tu misión en una oración.

_____

_____

_____

_____

_____

_____

DESARROLLA TU VISIÓN DE VIDA

Para mantenerte enfocada en lo que quieres lograr, visualiza y enmarca tu futuro. Crear la visión de tu vida te va a dar la capacidad para desarrollar un proyecto de futuro, un sueño, un anhelo, un objetivo trascendental que se debe alcanzar. Plasma todos los sueños que quieres alcanzar durante tu existencia.

Necesitas una papeleta que puedas llevar contigo siempre, tijeras, pegamento y muchas láminas. Busca todas las revistas, libros y periódicos que puedas cortar. Selecciona imágenes que representen tus sueños e ilusiones, que te inspiren hacia un mejor futuro y que proyecten todo lo que te hace feliz.

Tu tarjeta de visión es un símbolo de tu persona. Si deseas, puedes escribir todas tus cualidades, habilidades y valores ya que estas son la esencia de tu personalidad.

Pega todas las imágenes que seleccionaste previamente. También puedes añadir fotos de los miembros de tu familia y de las personas que te hacen sentir feliz. Lo importante es que cada ilustración sea una proyección de lo que deseas que sea parte de tu futuro. Usa la parte de atrás para escribir citas o frases célebres que te van a animar durante el proceso.

Coloca la cartulina (que ahora es tu visión de vida) en un área privada donde puedas verla todos los días. Si puedes cargarla en tu bolsa, mejor. Cada vez que te sientas desanimada te vas a dirigir a ella y vas a repetir en voz alta todas las citas que seleccionaste. Enfócate e imagínate cómo todos esos anhelos se van haciendo realidad.

Estar consciente de hacia dónde deseas dirigirte como mujer, como madre y como esposa te guiará hacia nuevos proyectos, intereses y oportunidades. Esto te abrirá puertas para conocer otras personas, para estar enfocada al momento de establecer metas y objetivos en tu vida. Estar consciente de tus deseos te ayudará a enfocarte en tus metas y facilitará que trabajes fijamente para eso.

Visualiza tu futuro. Conocer lo que deseas le añadirá más seguridad a tu manera de ser. Cuando una persona sabe lo que quiere, también sabe lo que no quiere. Esto te permitirá tener respeto hacia ti y los demás porque conoces lo que estás dispuesta a aceptar y puedes establecer límites. Una vez estás clara, aprenderás a valorar lo que tienes a tu alrededor, a disfrutar de la naturaleza y de los pequeños momentos de la vida porque esto te da una razón para vivir.

Luego de analizar tu visión de vida, contesta las siguientes preguntas:

1. ¿Cómo puedes mejorar tu aspecto físico?

_____

_____

_____

_____

_____

_____

2. ¿Cómo puedes mejorar tu aspecto emocional?

_____

_____

_____

_____

_____

_____

3. ¿Cómo puedes mejorar tu aspecto espiritual?

_____

_____

_____

_____

_____

_____

4. ¿Cómo puedes lograr un equilibrio en los tres?

_____

_____

_____

_____

_____

_____

CAMBIA TU ACTITUD

¿Deseas restaurar tu manera de ver la vida y el futuro? A diario concéntrate en reconocer por qué tú eres importante. No permitas que nadie te menosprecie. Luchar por tus sueños deber ser algo muy importante para ti. Aunque ubiques tu núcleo familiar como prioridad, tienes la responsabilidad de cultivar la relación con la persona más importante en tu vida: Tú.

El desempeño de la mujer que opta por quedarse en la casa ha cambiado a través de los años. El concepto de ama de casa ha evolucionado y se ha modernizado con el tiempo. El ama de casa actual tiene también la capacidad de producir dinero sin perder de perspectiva que su prioridad es crear un balance entre la mujer, madre y esposa.

Trabajar en la casa no quita libertad ni independencia. La mujer de hoy no necesita posponer indefinidamente sus propias ambiciones, metas y sueños. En tu hogar tienes el poder de fomentar unidad, amor y respeto. Establece un ambiente seguro, crea buenos recuerdos, conserva tradiciones e inventa nuevas.

Mantenerte motivada es una lucha que enfrentarás día a día. Tú puedes incrementar los niveles de entusiasmo para seguir adelante y presenciar el éxito en tu vida. La clave es entender tus pensamientos y manejar tus emociones.

Conservar una actitud positiva neutralizará las ideas negativas en tu mente. Evita las excusas y olvida los fracasos del pasado. Concéntrate en tus cualidades, en tus habilidades y en tu futuro. Cuando una duda o un miedo quieran apoderarse de ti, mira tu tarjeta y recárgate con pensamientos positivos. Haz esto por lo menos tres veces al día.

DECLARACIÓN PARA EL DÍA #1:

Hoy decido ser feliz. Mi vida depende de mi actitud.

DIA #2

Despréndete de tu pasado

Hoy inicias una nueva vida. Ya no hay espacio para recuerdos dolorosos. El futuro te abre los brazos. Aférrate a tu presente. Inicia tu día diciendo palabras buenas y oportunas. En una tarjeta escribe una lista de diez afirmaciones que puedas repetir durante el día. Escribe estas oraciones en presente. Tienen que ser positivas, cortas y específicas. Repítelas más de tres veces al día en voz alta. Cuando lo hagas, mantén siempre tu actitud positiva. A continuación te presento algunos ejemplos:

1. Me amo.
2. Soy una criatura de Dios.
3. Dios me ama.
4. Merezco el amor de los demás.
5. Soy bella, inteligente y creativa.

Practica el perdón. A veces es más fácil perdonar a los demás que perdonarse a sí mismo. No obstante, sólo tú tienes el poder de sanar tu alma y desencadenar las cadenas de culpa que te atan a tu pasado. Si no perdonas, tu evolución personal será más difícil. Sólo el perdón puede transformarte y hacerte receptiva a los regalos del universo. Contesta las siguientes preguntas

1. ¿Qué problemas deseas entregarle a Dios?

_____

_____

_____

_____

_____

_____

2. ¿Necesitas perdonar a alguien?

_____

_____

_____

_____

_____

_____

3. ¿Sientes que debes pedirle perdón a alguien?

_____

_____

_____

_____

_____

_____

4. ¿Qué puedes hacer para aceptar a las personas como son, sin querer cambiarlos?

_____

_____

_____

_____

_____

_____

CULTIVA TU ESPIRITUALIDAD

Conservar una vida espiritual te ayudará a construir un hogar piadoso. Creer en Dios no significa que tienes que suprimir tu manera de pensar y de actuar para demostrar que eres una buena mujer. Al contrario, ser tú, te hace prudente.

Para aumentar tu sabiduría, selecciona un área en tu casa para pasar tiempo a solas mientras meditas. En ese espacio observa lo bueno que hay en ti y en los demás. Aprende a ser agradecida. Fija tus atenciones en todo lo positivo que te rodea.

Habrá momentos en los que tu fe será amenazada por tus circunstancias. Llénate de valor, seguridad y confianza para reconocer cuándo ha llegado el momento de entregarle tus cargas a Dios.

Nutre tu alma constantemente para mantener tu espiritualidad viva. Reconoce que tu ser supremo te ha llenado de fuerza, inteligencia y sabiduría. Créelo.

DECLARACIÓN PARA EL DÍA #2:

Soy un reflejo de la grandeza de Dios. Su perfección vive en mí. Hoy elijo perdonarme. También perdono a los demás con sinceridad y alegría.

DIA #3

DISFRUTA TU PAREJA

Mientras vayas adquiriendo consciencia de tu entorno, procura que tus acciones demuestren que quieres un cambio favorable en la relación con tu pareja y con los demás. Educa tu vocabulario. Aprende a hablar sólo de temas positivos. Mantener una actitud optimista te ayudará a estar más tranquila. Identifica los momentos que te incomoden y, disimuladamente, retírate por unos minutos. Aprovecha para a ir a un área en donde puedas relajarte. Si es necesario, medita un poco.

Evita por completo hacer comentarios negativos de personas o de argumentos que puedan escalar a una discusión. Aunque procures dar siempre lo mejor de ti, no ofrezcas más de lo que realmente estás dispuesta a brindar. Tampoco establezcas expectativas en tu mente.

Es un error permitir que otras personas afecten tu intimidad. Mejor fomenta la unión y la comunicación en tu vida conyugal. Habla siempre con la verdad. En vez de estar a la defensiva cada vez que argumentes en cualquier tema, concéntrate en escuchar a tu pareja y en responder calmadamente en lugar de reaccionar con ira. Aplica la regla de 20/80. Habla un 20% y escucha un 80%. No inicies una pregunta con "por qué". En su lugar, formúlala con "qué" o "cómo".

El respeto es la base de un buen matrimonio. Hace posibles las relaciones entre las personas. Exige un trato amable, transparente y cortés a ambas partes. En medio de los desacuerdos, el respeto hacia tu pareja te ayudará a evitar la ironía, la violencia y el trato cruel.

Acepta a tu pareja como es, sin querer cambiarlo. Valora sus opiniones, aunque no estés de acuerdo siempre.

Enfócate en tu verdad sin ser una mujer soberbia. Basa tu éxito en cómo te sientes. Si experimentas sentimientos positivos, entonces todo marcha bien. Por el contrario, si sientes miedo, dolor o coraje, algo está mal. Entiende que cada quien vive y crea su propio mundo. Si alguien tiene una opinión negativa sobre ti, no significa que sea cierto.

Es importante que en este proceso entiendas que es prudente alejarte por un tiempo de quienes te lastiman. La relación con otros es una necesidad básica en la vida, pero debes evitar el peligro. Establecer límites no es egoísta. Te corresponde asumir valentía para decir lo que piensas, lo que sientes, lo que permites y lo que no aceptas. Eres responsable solamente de tus ideas.

Cuando tomes la decisión de distanciarte, no lo hagas en silencio. Déjale saber a esa persona que te hace daño las razones de tu decisión. Sólo así abres espacio para que reflexione y recapacite. Quien te ama, también amará tu individualidad, tus sentimientos y respetará tus decisiones. Aun así, a veces es necesario darles a los demás la oportunidad de extrañarnos y valorarnos.

Acepta que cada persona tiene el poder de decidir si te quiere en su vida tal como eres. Si no es así, analiza bajo qué términos decides continuar en esa relación, si es que así lo deseas. Al mantener tu distancia, te proteges de la manipulación, el control, las heridas y de lastimar los sentimientos de otros.

Las preguntas que leerás próximamente te ayudarán a identificar si hay alguna situación que está afectando específicamente tu relación conyugal. Si deseas, puedes realizarlo con tu pareja y luego ambos intercambiar sus respuestas.

1. En una escala de 0-10, identifica cuán feliz te sientes en tu matrimonio. Cero (0) significa "No estoy feliz" y Diez (10) significa "Soy súper feliz".

_____

_____

_____

_____

_____

2. Menciona qué puedes hacer para sentirte más feliz en la relación.

_____

_____

_____

_____

_____

_____

3. En una escala de 0-10, identifica cuán enamorada estás de tu esposo. Cero (0) significa "No estoy enamorada" y Diez (10) significa "Estoy súper enamorada".

_____

_____

_____

_____

_____

_____

4. ¿Qué tiene que pasar para que pudieras calificar con un 10 la pregunta anterior?

_____

_____

_____

_____

_____

_____

5. Si pudieras contraer nupcias nuevamente, ¿lo harías con tu esposo?

_____
_____
_____
_____
_____
_____

6. ¿Cuáles son las actividades que más disfrutas con tu esposo?

_____
_____
_____
_____
_____
_____

7. ¿Cuáles son las actividades que menos disfrutas con tu esposo?

_____
_____
_____
_____
_____
_____

8. ¿Qué puedes aportar para que tu matrimonio mejore?

_____
_____
_____
_____
_____
_____

9. ¿Qué puedes hacer para tratar a tu esposo con más respeto?

_____
_____
_____
_____
_____
_____
_____

10. ¿Qué conducta tuya afecta la relación?

_____
_____
_____
_____
_____
_____
_____

11. ¿Cuál comportamiento de él está perjudicando la relación?

_____
_____
_____
_____
_____
_____
_____

12. ¿Qué cualidades te atraen de tu pareja?

_____
_____
_____
_____
_____
_____

13. ¿Cómo puedes mejorar la comunicación entre ambos?

_____
_____
_____
_____
_____
_____

14. ¿Cómo puedes mejorar tu reacción ante las adversidades de la relación?

_____
_____
_____
_____
_____
_____

15. ¿Prefieres tener la razón o estar felizmente casada?

_____
_____
_____
_____
_____
_____

TRATA CON RESPETO A TU ESPOSO

Exterioriza tu identidad personal. Muéstrate más bondadosa, cuida tu aspecto físico y aliméntate mejor. Sonreír con mayor frecuencia te alejará de parecer arrogante, pedante y prepotente. Ignora los comentarios negativos sobre tu persona. Acepta la opinión de los demás sin que te perturbe.

Cuando estés consciente de haber cometido un error, admítelo y discúlpate. Enfócate en reforzar tus valores y tus cualidades. De la misma manera, aprecia las virtudes de tu pareja.

Tu conducta intensificará tu voz y tu lugar en el hogar. Al principio puede parecer que te sumerges en la sumisión. Sin embargo, la realidad es que estás desarrollado astucia. Identifica qué retos estás dispuesta a asumir por convicción y no por obligación.

RECOMENDACIONES PARA UN MATRIMONIO FELIZ

DIALOGA EN VEZ DE DISCUTIR

- Habla de un tema a la vez para evitar que la conversación se mueva a uno de menor importancia.
- Mantén la calma durante la conversación.
- Cada persona debe tener la oportunidad de expresar sus sentimientos sin ser interrumpido. Empieza las oraciones con "YO".
- Reconoce el punto de vista de tu pareja sin tratar de defenderte.
- Ofrece una disculpa cuando cometas un error.
- Identifica cuándo es mejor dejar que la otra parte tenga la razón.
- Usa frases para identificar que una de las partes se está enojando demasiado. (Ej. "Estás empezando a alzar la voz.")

ACTÚA EN VEZ DE HABLAR

- Expresa el amor todos los días. Repite frases como "te quiero", "te amo" y "te extraño".
- Besarse y abrazarse con frecuencia es vital.
- Salgan juntos, como pareja, mínimo una vez al mes.
- Aléjense de la rutina.
- Vean películas o hagan cualquier otra actividad recreativa en la casa, mínimo una vez a la semana.

RESPIRA EN VEZ DE ASFIXIAR

- Desconéctate de tu pareja una vez al mes para compartir con tus amigas.
- Rodéate de personas que complementen de manera positiva tu relación conyugal.

AMA EN VEZ DE INTIMIDAR

- Habla abiertamente de la vida sexual de ambos.
- Promueve la creatividad durante las relaciones íntimas.
- Mantén el consenso en el erotismo, sin ofender a la otra parte.
- Actualízate en temas noticiosos para poder hablar de otros asuntos que no sean de la casa o la familia.

DESPRÉNDETE DE LAS TOXINAS

De ahora en adelante te rodearás de personas que contribuyan de manera positiva en tu vida, que te apoyen y que se preocupen por ti. Dirás que "SI" cuando quieras y "NO" si te piden hacer algo que no deseas hacer. Sé honesta con tu esposo sin herir sus sentimientos. Aprecia sus virtudes. Hazlo sentir especial. Reconoce todo lo bueno que hace a diario. Conserva tu actitud entusiasta. Cultiva siempre tu fe y vida espiritual.

DECLARACIÓN PARA EL DÍA #3:

**Amo a mi esposo. Respeto sus decisiones. Somos un equipo.
Juntos formamos un hogar feliz.**

DIA #4

ESTABLECE TUS PRIORIDADES

Organiza tu tiempo si deseas lograr los objetivos del día. Existen diferentes herramientas que puedes usar para crear un orden de prioridades. Una de ellas es la agenda. Escribe en ella todas las responsabilidades que tengas de acuerdo al día de la semana y a tus funciones diarias.

Selecciona un día de la semana para poner en orden todo lo que deseas hacer. Haz una lista que incluya las necesidades de la casa (responsabilidades domésticas), las actividades personales de cada miembro y aquellas que comparten como familia. Distribuye las labores del hogar de acuerdo a la edad de cada persona. Establece tus propias reglas y métodos de premiación. Por ejemplo, si tu esposo cumple con botar la basura, su premio es ver su programa favorito en la televisión. Recuerda, tú también te mereces un incentivo. Al final de cada día, celebra tu éxito.

Para lograr tus metas, si puedes, opta por apagar el teléfono y evitar cualquier tipo de distracción. Ser una mujer organizada te ayudará a aumentar tu rendimiento y a mantener el equilibrio emocional de todos los miembros de tu núcleo familiar. Cuando lo hayas logrado, te sentirás mejor.

El próximo ejercicio te va a ayudar a construir una solución para tus problemas en general.

1. Describe el conflicto en una oración.

_____
_____
_____
_____
_____
_____

2. ¿Qué necesita cada persona para que el conflicto se resuelva?

_____
_____
_____
_____
_____
_____

3. ¿Cómo pueden lograr un balance que beneficie todas las partes involucradas?

_____
_____
_____
_____
_____
_____

4. ¿Necesitan integrar la ayuda de un profesional para resolver este conflicto?

_____

_____

_____

_____

_____

_____

5. ¿Qué desean aprender de este problema?

_____

_____

_____

_____

_____

_____

ADMINISTRA MEJOR TU TIEMPO

¿Cuál es el secreto de la organización? El hábito. De ahora en adelante, planifica antes de actuar. Esto aplica tanto en tu casa como en tu trabajo. A diario, escribe una lista con todo lo que deseas lograr en el día.

Cuando empiece tu jornada laboral, procura tener cerca de ti todo lo que necesites para producir un día exitoso. Establece un horario. ¡Prémiate cuando hayas terminado! A continuación te presento una guía de preguntas que te pueden ayudar a identificar lo que necesitas para mantener tu área de trabajo limpia y organizada.

EJERCICIO DE ORGANIZACIÓN

1. ¿Qué hábitos debo crear para ser más organizada?

_____

_____

_____

_____

_____

_____

2. ¿Cuál es el propósito del área?

_____

_____

_____

_____

_____

_____

3. ¿Qué artículos cumplen con el propósito del área?

_____

_____

_____

_____

_____

_____

4. ¿Qué puedo donar?

_____

_____

_____

_____

_____

_____

5. ¿Qué puedo guardar?

_____
_____
_____
_____
_____
_____

6. ¿Cuánto tiempo tengo para organizar el área?

_____
_____
_____
_____
_____
_____

7. ¿Cuál es el plan de acción?

_____
_____
_____
_____
_____
_____

8. ¿Cuál será la próxima área para organizar?

_____
_____
_____
_____
_____
_____

La distribución correcta del tiempo permitirá que la energía positiva fluya en tu hogar. Este es el secreto para poder cumplir con las tareas del trabajo, el hogar, la familia y tu desarrollo personal.

DESPRÉNDETE DEL DESORDEN

Las respuestas a todas tus preguntas están en tu corazón. No te niegues la oportunidad de ser feliz. ¡Organízate! Busca siempre aumentar tus niveles de creatividad y producción. Todo empieza contigo. Sé siempre tú. Cultiva tu mente, tu espiritualidad y tu físico.

Ten siempre algo nuevo en tu agenda. Haz cosas que te ayuden a crecer como persona. Participa en diferentes actividades extracurriculares. Si tienes el tiempo, forma parte de una obra caritativa. En lugar de recordar y torturarte con el pasado, piensa en lo que puedes hacer hoy para mejorar tu futuro. Enfócate en proyectos que contribuyan de manera favorable en tu vida y en la de tu núcleo familiar. Escribe tu propio destino. No escatimes cuando se trata de ti. ¡Prémiate! Arregla tu imagen física. Ámate y serás amada.

DECLARACIÓN PARA EL DÍA #4:

Mi hogar es un reflejo de mi vida.

AGRADECIMIENTOS

A mi Padre Celestial, gracias por permitirme presenciar tantas promesas de amor y abundancia en mi vida. Gracias a mi esposo, mi mejor amigo y confidente. A mis hijas, por impulsarme a ser una mejor persona cada día. A mi hermana y a mi madre, sus consejos son lo más que atesoro. Mil gracias a mi familia, mi sustento emocional. Gracias a las *Histéricas Manifestadas* que me confiesan sus secretos y me permiten ser testigo de sus transformaciones. Gracias a mis amigas y consejeras, ustedes saben quiénes son. A todas las personas que han sido parte de mi crecimiento personal y profesional, gracias por creer en mí. Por último, pero no menos importante, gracias a ti por confiar en mi trabajo y por darme la oportunidad de entrar en tu vida.

2116 ① 6/14

CPSIA information can be obtained at www.ICGtesting.com
Printed in the USA
LVOW11s2209030214

372203LV00001B/249/P